AF285075

Der Gegensatz des Denkens

Lebensmomente lyrisch

von
Sibylle Wegner

Die Autorin hat über langen Zeitraum Gefühle und Lebenssituationen beobachtet und auf besondere Weise lyrisch verfasst.

Sie ist seit vielen Jahren Mitglied in zwei Autorengruppen: „Die Prosablüten" und „Schreibwerkstatt Solingen".

Siehe: www.prosablüten.de

Bibliographische Information der Deutschen Nationalbibliothek
Die deutsche Nationalbibliothek verzeichnet die Publikation in der deutschen Nationalbibliographie; detaillierte bibliographische Daten sind im Internet über www.dnb.de abrufbar.

Herausgegeben von Sibylle Wegner.

ISBN: 9783754351161
Preis: 08,90 €

Herstellung und Verlag: BoD - Books on Demand, Norderstedt

Inhaltsverzeichnis

Kapitel III
Philosophische Ideen - Fliegende Gedanken
Kapitel IV
Kapitel V

6

Gedichte aus allen Lebenslagen

Auf jeden Fall der Versuch,
Unsagbares zu sagen.

Teils lange her und doch ganz nah

Mal Phantasie, mal wahr.

Für Michael, Chris, Kerstin und André
In Liebe und Dankbarkeit

Kapitel I

Gehversuche

Nettigkeiten für die Familie und

andere Anlässe

Das Zweiglein
   (für meinen Sohn)

Ich hab´s gefunden,
getragen, gehegt.

Und als die Zeit reif war,
eingepflanzt und gepflegt.

Und wenn draußen Unwetter wüten,
gehe ich mein Zweiglein hüten.

Du bist der Stolz in meinem Herzen,
geboren mit Schmerzen.
Bewacht mit Hege und Pflege.
Finde Deine Wege.

Getränkt mit Mutterliebe,
so gewappnet gegen Lebenshiebe.

Werde ein prächtiger Baum.
Das ist meines Herzens Traum.

Für einen wunderbaren Menschen

Der, der mir so wichtig,
Du hast heut Geburtstag,
das ist richtig.
Ich möchte dich feiern und hochhalten,
Deine Persönlichkeit ehren.
Man kann sich nicht gegen deinen Charme
wehren.

Deine Ehrlichkeit, Fülle und Liebe
bereichert jeden,
den sie berührt.
Oft schon von Deinem Dasein im
Positiven verführt,
kann ich nicht umhin,
Dich zu lieben und zu begehren.

Du setzt Meilensteine im Leben,
Du bist nie sparsam im Geben.
Exotisch, phantasievoll und gerade,
stellt sich nie die Frage,
ist es eine Ehre solch Menschen in
seiner Nähe zu wissen.
Jeder, der dich erspürt,
möchte Dich nicht mehr missen.

Dich zu kennen über Jahre,
gipfelt in Liebe unweigerlich.
Darum liebe und verehre ich Dich.

Edler Herr,
    Darf ich´s wagen,
        Sie etwas zu fragen.

Sind Sie noch frei?

    Ja?

        Und?

            Lassen wir´s dabei?

Wartezeit

Wir warten von Anfang bis Ende.
Wir warten häufig auf eine Wende.

Wir warten ab der Geburt
auf's Wachsen, auf's erste Geld, Auto, Glück
und so fort.

Sind wir groß, warten wir täglich
auf die Erfüllung von Träumen.
Es scheint meist unmöglich,
uns Zeit für uns einzuräumen.

Je älter wir werden, hoffen wir voll Not,
daß unser Leben endlich beginne,
dabei wartet mancher schon auf den Tod.

Haben wir was übersehn?
wann wollten wir leben,
neue Wege gehen?
Wann Träume leben.

Heute warten wir auf das Wetter
von morgen,
als ob das groß und wichtig wär.

Hin und wieder machen wir die Erfahrung,
daß Änderung nach außen
nur von innen möglich wär.

Aber warten wir's mal ab.
Wir warten oft vor verschlossenen Türen,

daß einer öffnet, nur nicht wir selbst.

Es gibt Menschen, die die Türklinke drücken
- und damit in neue Räume rücken
ihres Lebens und ihrer selbst.

Wir wollen oft alte Gewohnheit nicht missen.
Es würde sonst unser Leben ändern.
Könnt es sein, daß wir vielleicht hinterher
womöglich mehr wissen?
Bequemlichkeit hält uns an langen Bändern -.

Unsere Ängstlichkeit macht uns glauben,
im Neuen, da läge kein Segen drin.
Die Bequemlichkeit ist der Angst größter Helfer,
Veränderungen kommen uns deshalb selten in
den Sinn.

Wenn wir immer so dächten,
säßen die Menschen noch auf Bäumen,
würden wir noch Höhlen aufräumen,
wäre die Erde noch eine Scheibe
und ich wäre so, wie ich bleibe.

Wer wartet, läßt sein Leben verstreichen.
Die Zeit rinnt ohne Anhalten fort.
Wer nicht handelt,
Läßt seine Möglichkeiten weichen,
geht, ohne gelebt zu haben, von diesem Ort.

Die Herzlaute

Die Herzlaute spielt
Laute meines Herzens.
Spür ich mein Herz,
spiel ich die Laute.

Klingt sie süß,
zart und streichelnd,
spielt sie Laute
der Schönheit und Liebe.

Manchmal frohlockt sie
Und säuselt,
quirliges Melodiengemisch.

Besinnlich und tief
Bei Dankbarkeit.
Töne, dunkel und schwer
Bei Traurigkeit.

Klingt sie schrill, wirr
Bringt hämmerndes Stakkato,
schreit die Herzlaute Wut.

Singt sie quietschende, lange Töne,
ist es Angst, die die Saiten quält.

Im Alltag, hör ich
sie leis und verhalten.

Die Herzlaute hat ein Zentrum.
Erst leer und ungefüllt.

Die gespannten Saiten darüber,
wirken wie Lichtstreifen
einer schimmernden Kerze.
Berührt sie mein Herz,
fangen sie an zu klingen
und füllen den leeren Raum.

Spür ich mein Herz,
spiel ich die Laute,
schreib mir´s von der Seele,
forme Melodien,
bringe mein Herz laut in die Welt hinein

als Herzenslaute.

Verstrickt

Verstrickt im Netz einer Spinne.
Verzweifelt und wild bemüht.

Das Leben hält Dich gefangen,
Du siehst Dich selber nicht.

Höre auf Dich zu winden.
Schau Dich selber an!

Komme zum Wesentlichen,
prüfe,
entscheide erst dann.

Nur so ist der Ausweg offen.
Der Weg richtig beschritten.

Hör auf Dich zu qüälen
und andere.

Nimm an!

Kapitel II

Umfeld –
Beschreibungen

Der Kern ohne Schale

Die rote Fülle Deines Mundes
senkt sich über mich.

Voller Erwartung –
Süß duftend, zärtliche Berührung
Des Allumfassenden.

Kleiner Punkt der Berührung,
überall spürbar.

Farben und Funken,
Urgewalt und Wissen
ergießt sich über mich.

Eins werden – und sein.

Der Sinn, der oft fehlte,
ist da.
Unauslöschbar und heilig –

Ich liebe Dich.

Bernstein in meiner Hand

Urgewachsen aus Zeiten,
die Menschen nicht kennen.
Ist da und weiß nicht um sich.

Wunderbar anzuschauen,
zu fühlen und zu empfinden -
ein Spiegel des Universums.
Starr und stumm existiert es für sich.

Nimm Dein Sein an,
werd´ lebendig!
Explodiere im warmen Rot-Braun!

Geboren aus Urkraft
Weißt du um die Schönheit.

Und nimm mich an -
nimm den Spiegel des Betrachters!

Ergieße Dein Feuer in mich hinein.

Ein Knabe

Er war ein wilder Knabe,
oft gräßlich frech und laut.

Meist mit sich unzufrieden.
Fuhr schnell aus seiner Haut.

Er fand keinen Sinn in dem Meisten,
hatte ganz eigne Ideen.

Er schimpfte mit sich und den Andren,
zudem war er sehr bequem.

Er war nicht immer glücklich,
doch bekam er, was ihm gefiel.

Das machte ihn nicht zufrieden.
Er kannte kein anderes Spiel.

Er war ein wilder Mann,
noch immer laut und frech.

doch zwischen die lauten Töne mischten
sich leise Sätze. Glaubte, er hätte nur Pech.

Noch immer erreichte er alles,
und bekam meist, was er wollte.

Doch hatte er etwas bekommen,
wußte er nicht, was er damit sollte.
Die Befriedigung ward immer schwerer,
er suchte und kreischte wild,

nach dem Sinn des Ganzen
und nach dem Sinn von sich.

Er war ein wilder Alter,
verbittert, bös, zerstört.
Er hatte schon sehr lange
nichts von anderen gehört.

Ein wilder Zorn trieb ihn weiter,
Einsamkeit kam in sein Herz.
War´s ein vergeudetes Leben?
In seiner Brust ein tiefer Schmerz.
Wo war der Sinn geblieben?
Hatte er alles verscherzt?

Ich weiß nicht, ob er erkannte,
bevor der Tod ihn beim Namen nannte.

Nur eines ist von Gewicht.
Wilde Tote gibt es nicht.

Mama

Mal so mal so

Tausend Schritte des Schmerzes
hast Du mir angetan.
Gefangen in Deinem Leid,
hast Du´s nicht bemerkt.

Jetzt kommt die Hand der Liebe,
ich nehme sie schreiend an.

Die Tode,
die ich sterbe,
kannst Du nur spürn,
wenn Du wagst!

Die Mutter,
die ich liebe,
such ich ständig,
Du bist hinter einem Schal.

Kinderliebe währt ewig,
sieh das doch endlich ein!

Lebe Dich selbst!
Du bist gut so.

Hilf damit Menschen,
denen Du Leben gabst.

Sie fühlen sich sonst schuldig -
was ich Dir nie gesagt.

Mama

Du hast mir so viel gegeben.
Und mir beigebracht.
Ohne dich hätte ich kein Leben.
Hast oft für mich gedacht.

Deshalb an dieser Stelle hier,
von ganzem Herzen, mit Liebe
danke ich dir!

Vater

Vater,
der Du bist im Hause.

Ich soll Dich kennen,
und weiß kaum um Dich.

Da,
doch als Mensch selten spürbar,
erinnere ich mich an Dich.

Du verbirgst und versteckst Dich.
Warum?

Sei nicht so verbittert und nörgelig.
Was hat das Leben Dir getan?

Oder will ich Dich nicht kennen?
Aus Zorn, Wut und Trauer zugleich.

Ich werde das Rätsel schon lösen.
Für mich –
Und für Dich vielleicht.

Die Therapeutin
meine Freundin

Du tratst in mein Leben,
ich hatte Dich gesucht.

Durch viele Stunden der Bitterkeit
gingen wir gemeinsam.
Ich habe Dich manchmal verflucht.

Du bist mir lieb geworden,
durch die Hilfe, die Du mir gabst.

Du hast mich finden lassen,
was ich vorher nicht sah.

Du gabst ein Gefühl des "Wir",
so fand ich näher zu mir.

Geteilter Schmerz war Balsam,
geteilte Freude doppelt viel.
Das war eine der Hilfen, die ankam.

Zwar machte ich Vieles einsam,
verschlossen vor Dir.
Du hast mich nicht überfordert,
ich wollte es schaffen in mir.

Du warst mir oft Freundin,
Mutter und Vater zugleich.

Nun will ich allein gehn,
Die Trennung fällt nicht leicht.

Doch das Kind ist gewachsen,
wir haben viel erreicht.

Danke an uns

Meine Freundin
(die Muscheln voll Liebe)

Die Poesie der Stunde
ist unbeschreiblich schön,

wenn wir ein Stückchen Leben
im Miteinander gehn.

Sie ist schön, stark und ehrlich,
klug und kreativ.

All das, was ich bei ihr habe,
und oft genug suche,
gibt sie mir unbeschwert.

Sie ist ein Schatz, den ich habe,
mein Feuer und mein Licht.
Ohne sie je leben,
das könnte ich wohl nicht.

Sie ist für mich ein Spiegel,
schau ich hinein,
bin ich strahlend und schön,
habe zwar noch stumpfe Stellen,
aber insgesamt hell und rein.

Sie gibt mir viel von der Liebe,
die mir im Leben gefehlt.
sie hat oft aus der Not geholfen,
jedes Gespräch mich glücklich beseelt.

Sie ist ein Mensch,
tragend wie ein Fundament,

stark wie eine Mauer,
und zart wie reife Rosenblätter,
die im Herbst der Wind mit sich trägt.

Trotz aller Schwärmerei und Liebe
sind wir Menschen,
nehmen uns so an.

Haben uns immer geachtet
und selten ein Leid angetan.

Hätten wir uns nie gefunden,
wäre mein Leben nicht so.
Vielleicht nicht so gelungen,
Du bist wesentlich für mich.

Selbst in den Normalitäten
sind wir zusammen gut.

Auch in Langeweile gewinnen
die Lebensmomente
durch unsren Gedankenfluß.

Das Leben ist strahlend
beim "an deiner Seite sein"
das Gefühl ist wunderschön.

Wir kennen uns tausend Jahre
und werden einander nicht leid,
wir werden auch weiter,
den Weg miteinander gehn.

Zwillinge sind untrennbar,
vielleicht bis sie im Winde verwehn,
oder neu entstehn.
In neuer Konstellation,
zueinander und eins
in einem Wesen,
ungeteilt in sich lesen,
ein Mensch, der Lichtjahre erhellt.

Doch jetzt kann ich`s nicht missen,
dich an meiner Seite und in mir
zu wissen.
Das macht mich erst komplett.

In unbeschreiblicher Liebe:
Dein zweiter Teil

Dieses Gedicht entstand in gemeinsamen Kreati-
vitätsfluss,
Malerei und Wort.

Der Steuerfachmann

Der Mann hinter Glas sitzt mir gegenüber,
schaut mich an und macht mir Angst,
mit Zahlen und Gebärden,
bis ich im Innern das Zittern anfang.

Doch er merkt nichts davon.
Glaubt, er beeindruckt mich.

Ich erhasche einen Blick dahinter.
Er ist lebendig und gut,
ambitioniert macht er seine Arbeit.
Dabei ist er creativ - mit Mut.

Er könnte sicher viel mehr,
Schluckt er´s stattdessen runter?
Scheint ohne Pein und Entbehr.

Verschwindet der Mensch hinter Zahlen?
Verwirrt,
ich weiß nicht mehr.
Man kann sich gut dahinter verstecken,
von da seine Zähne blecken.

Vermeintliche Fakten befriedigen den Verstand,
lassen an allein gültige Wahrheit glauben.
Gefühle werden dabei verbannt.

Wie immer liegt die Wahrheit dazwischen.
Auch Du bist ein Mensch.
Du glaubst, fallen die Zahlen,
bleibt das Glas zwischen uns.

Man kann hindurch schaun
und glaubt, der andre sieht mich nicht.

Doch erkenn´ ich Dich.
Ich seh´ einen Menschen, der gut ist in sich.
Es ist nicht nötig, kleine Mädchen zu erschrecken,
Kosten- und Geld- Chimären zu wecken.
Mann hinter Glas, ich brauche Dich!

Laß mir mein Leben,
gib mir Hoffnung und kümmere Dich.
Ich brauche mein Brot zum Leben!
Ich geb´ Dir mein Vertrauen,
mehr habe ich gerade nicht.

Der neue Steuerfachmann

Zwei Jahre später

Hallo Lieber,
schön, sie zu sehen.
Ich bin gespannt,
was sie mir heute erzählen.

Sie helfen mir viel,
das kann ich kaum vergelten.
Ein Glücksgriff
Für mich.

Noch immer prallen hier und da
Zwei Welten aufeinander.
Ganz langsam
Nähern wir uns.

Ich, die naiv- fiktive,
Sie der rational- creative.
Ein As
Als Mensch
Und im Job.

Ohne Sie wären die neuesten
Entwicklungen nicht möglich.
Haben Sie Dank
Dafür.

Liebe Grüße an Ihre Frau
Und Ihre Kinder.

Die Hexe - Heilkundige

Ihre Medizin ist giftig und heilend.
Das allein gibt schon Rätsel auf.

Ist sie hübsch oder häßlich,
man weiß es nicht.

Ein Wesen wie nicht von dieser Welt.
Sie hat zwar Berührung mit Boden,
in der Behandlung schwebend, flirrend, leicht.

Für verwurzelte Menschen kaum faßbar -
Die Loslösung von Gedanken
in andere Dimensionen -
Ihr zu folgen ist oft schwer.

Das braucht viel Vertrauen,
macht Angst beim Hinschauen.

Sie ist Reisende, Zauberin,
durchstreift uns,
berührt und bewegt.
Wirft sie Menschen auf sich zurück,
ist sie nicht bequem.

Die Wege und Lichter der Dimensionen
werden sichtbar durch sie.

Hexenkunst zum Wohle der Menschheit,
wann hat man sie je akzeptiert.

Soviel Wissen ist Macht,
Obwohl sie die Macht nie mißbrauchte,
mußte sie oft dafür brennen.

Doch ist sie so nicht zu löschen,
leckt ihre Wunden,
entsteht aus sich heraus neu.

Die Heilung trägt sie in sich,
gibt sie weiter ins Hier und Jetzt.
Wer will, kann sie erkennen,
wer sie annimmt, den macht sie mehr frei.

Das Urwissen bleibt ihr Begleiter.
Wenn du willst, auch Deiner.
Ab jetzt und immer weiter.

Wildwuchs

Sie war ein wildes Mädchen,
ohne Grenzen, ohne Schranken.
Verloren und klein.
Aufmüpfig und trotzig,
auf der Suche nach Grenzen,
die keiner bereit war, ihr zu geben.

Die Eltern, brüchig in ihrer Struktur. –
Nicht definierbar.
Von Tag zu Tag wechselnd.
Im Fühlen, Entscheiden, Handeln,
getrieben und gesteuert,
dem Leben hinterherlaufend.

Sie wurde verzweifelf,
aggressiv und ängstlich.
Zog den Schluß,
sie sei es nicht wert,
beachtet und geleitet zu werden.
Wollte nichts mehr austesten.
Das Bodenlose machte ihr Angst.

Sie lernte erst spät.
Staunend, zögernd und zaghaft
Ihre Fähigkeiten kennen.
Sie zu akzeptieren, fiel ihr schwer.
War sie es doch nicht wert,
daß man sich kümmert,
sie leitet, belehrt.

Eine Zeit ihres Lebens
war sie wild auf der Suche nach Kümmern.
Versuchte,
es kindlich zu ertrotzen,
durch Nörgeln, krank sein,
Hilflosigkeit.
Die keiner ihr glaubte,
war sie doch so stark.

Irgendwann kam die Zwangslage
der Entscheidung.
Will ich leben oder sterben,
wer bin ich?
Das Kamel ging durch das Nadelöhr.

Die Alte wurde verändert,
die Ur-Struktur gewann immer mehr.
Sie stand häufiger zu ihren Stärken.
Suchte sich Strukturen zu geben.
Das fiel ihr unsagbar schwer.

Sie war auf dem Weg,
ihr Leben zu ändern
und dadurch lebte sie mehr.

Ich weiß noch nicht,
was aus ihr wurde,
doch ich schätze sie sehr.

Ein Männerleben

Ein Knabe wurde geboren,
goldlockig und fröhlich
zum Stammhalter erkoren.

Der Kleine war niedlich,
voller Lebensneugier und Elan.
Es war manchmal zuviel,
was er bekam.
Er wurde gehätschelt, verwöhnt.
Unzulänglichkeit der Liebe mit
Übermuttern übertönt.

Er wuchs heran,
wurde intelligent und charmant.
Mit Begabungen und großen Interessen.
Seine Nase war markant.

Aus der Behütung herausgerissen,
ohne Plan für sein Leben
begann er viel zu vermissen.

Doch bewußt wurde ihm das nicht.
Er gab anderen Menschen
Gegen eigene Wünsche
Viel zu viel Gewicht.

Das Leben schob hierhin,
mal dorthin, enttäuschte ihn oft.
Er wußte nicht richtig, worauf er hofft.

Er ließ es geschehen,
nahm es an, wie es kam.
Auf Verantwortung getrimmt,
ließ er dem Schicksal die Bahn,
sein Leben zu bestimmen,
konnte dabei nicht gewinnen.

Seine Lebendigkeit, sein Charme
Und Witz wurden oft verkannt.
Seine Sehnsucht nach Neuem
durch Kompensationskäufe gebannt.

Er hat viel gesehen in seinem Leben,
doch nicht gelernt,
sich selbst ernst zu nehmen.
Unterfordert, gelangweilt und frustriert,
wurde sein Unwohlsein
von ihm durch Zynismus pariert.

Der Mann wurde älter,
war bald Rentner.
Unzufrieden und krank,
hat er sich in den Keller verbannt.

Doch noch heute sieht man,
wenn ihn was interessiert,
in seinen Augen das Blitzen
des Jungen mit Lebensneugier.

Zum Geburtstag wünsch´ ich
Dem Jungen, dem Mann,
daß er hie und da
doch noch was ändern kann.

Daß er sich annimmt,
den neugierigen Goldkopf aufleben läßt
und dadurch gewinnt.

Er kann doch stolz sein auf sich,
hat doch viel getan,
nicht für sich, aber andere,
was diese oft übersahn.
Er hat was geschaffen,
ein Haus, eine Familie, ein Leben.

Mehr braucht ein Mann nicht zu geben.

Ein Nachbar

Der alternde Provokator

Er ist ein Mensch in bestem Alter,
bezieht seine Kraft aus Anerkennung,
aus Siegen über Menschen.

Im Wortgefecht errungen,
durch Vorwürfe erzwungene Schlachten.
Läßt Menschen im Zwiespalt zurück.

Ist Wegbereiter des Diktators,
der er gerne wär.

Er lebt an deiner Seite,
nimmt dir die eigene Kraft,
hält dich in Konflikten verwickelt,
lenkt dich von dir ab.

War im Ursprung ein Revolutzer,
wollte die Welt verändern.
Das beste aus ihr raus kehren.
Ist gescheitert, hat seinen Weg verloren.

Heute ist er ein Zyniker,
schwer zu durchschauen,
weil im
psychologischen Gefechtserfolg gereift.

Hüte dich vor ihm!
Was im Ursprung so wundervoll,

jetzt nur noch seiner Zerstörung gereicht.

Hat das Wesentliche verloren,
der Anfang heiligt die Mittel nicht mehr.

Kann auch durch dich nicht zu sich finden,
nur über sich selbst gelingt die Rückkehr.

Weißt du, wie sehr ich Dich liebe?

Ich habe Dich geliebt,
von Anfang an.
Wie keinen so offen zuvor.
Mußte dennoch erst lernen,
zu Dir zu finden.
Mein Gardeoffizier.

Der Mut zur Liebe, Vertrauen,
fiel mir unendlich schwer.
Doch habe den Ansatz gefunden
und damit die Liebe zu Dir.

Weißt Du, wie sehr ich Dich erträumt hab?
Gesucht! Gesehnt nach Dir?
Ich spüre in Dir die Erfüllung,
die höchste, die ich bisher erlebt.
Noch teilweise schwankend
im Vertrauen,
im Zulassen der Nähe zu Dir.

Ich habe Dich endlich gefunden.
Mein Herz von Glück so voll.
Habe noch nie so empfunden,
bin vor Liebe ganz toll!

Da bist Du, mein fehlender Teil -,
meine Sehnsucht.
Kein Gedanke mehr an Flucht.

Danke für die Erfüllung,
Dein Kommen.
Dein in meinem Leben sein.

Ich kenne Dich schon so lange
und finde Dich erst jetzt.
Die große Liebe erleben,
durfte und darf ich mit Dir.

Laß uns keine Zeit mehr verschwenden,
laß uns –
lieben.
Im Jetzt und Hier.

Was ist wichtig?

Die Menschen um mich oder
der Gedanke,
der Mensch oder
sein geistiges Gut.
Eine Grundsatzfrage, die seit meiner
Wiedergeburt in mir kreist.

Von außen betrachtet,
ist die Erkenntnis ganz leicht.
Das eine geht nicht ohne das andre.

Ich brauche die Menschen, die Öffentlichkeit,
um etwas sagen zu können.

Ich bin Abbildende.
Mein Geist, meine Phantasie
erwächst aus Wahrnehmungen.
Ohne Wahrnehmung keine Anregung der Phantasie.

Ich habe den Drang des Abbildenden
solange zurückgehalten,
daß ich jetzt nur sprudeln möchte.

Gespeist aus der Quelle angestauten
Erspürens.
Doch darf ich die Realität nicht vernachlässigen?
Ich glaube nicht, weil sonst die Quelle irgendwann
versiegt.

Das wäre auch eine Flucht.

Kurzzeitig werde ich sie mir gestatten,
um immer wieder in
mein eigenes Reich von Farben,
Gefühlen, Empfinden der Welt zu gehen.

Immer wieder hinaustreten,
ganz da sein und neues empfinden,
aufzunehmen und wieder
zurückkehren, um abzubilden.

Dann empfinde ich gerade wirklich
Erleben meiner Selbst.

Ich erspüre genau,
ich lebe, fühle, genieße
und fließe im Leben.
Mach ich es mir zu eigen,
kann ich es mitnehmen in etwas
bleibendes.

Ich liebe beide Momente des Lebens.
Das Aufnehmen und Wiedergeben,
die Lösung ist klar.
Ich kannte bisher nur schwarz oder weiß,
dazwischen hängt die Wahrheit.
Das anzunehmen lerne ich noch.

Ich frage nicht, wen es schert
oder ängstigt,
aus meinem bisherigen Leben.

Ich werde die Entwicklung
nicht unterbrechen, dieses Versprechen,
mir zu geben, fällt gerade leicht.

Auch das Auf und Ab kann
ich schon voraus sehn.
Ich bin, trotz aller
hochkriechender Angst
dazu bereit.

Ich habe einen Quell gefunden.
Eine Bestimmung, ein
Ur –Eigen- Sein, eine
wundervolle Aufgabe.

In solchen Momenten liebe ich mich
- und bin eins.

Kapitel III

Phílosophische Ideen

Fliegende Gedanken

Verliebt in mich

Ich bin verliebt in mich,
wenn ich aufsteh´,
in mein Aussehn, mein Handeln, mein Tun.

Besonders in meine Gedanken,
in mein Fühlen, Empfinden.
Ich weiß, ich bin ich und richtig.
Das ist neu.

Früher war ich verliebt in andre
und haßte mich selbst.

Das neue Gefühl ist nicht narzißtisch.
Ich kann jetzt andre freier lieben.
Ich kann geben und loslassen.

Wenn ich gebe, geschieht es ohne
Verlust aus mir heraus, frei.

Voll der Liebe zu mir.

Das wünsche ich jedem Menschen,
ich bin ich, in Liebe.
Für mich und zum Leben.
Ich bin frei.

Ich kann mich plötzlich in den
Arm nehmen, mich drücken und
herzen und fühle mich frei.

Ich hab mein Urselbst gefunden.
Das ist das ganze Geheimnis.
Das so nachzuleben, zu finden,
Versucht´s.
Das macht frei.

Der Sinn des Dichtens
Lebensgebrauch

Ich schreibe für den Lebensgebrauch,
das heißt für jeden.
Ich brauche mein Haus und
eigentlich noch jeden
Menschen, ob klein, ob groß,
ob intellektuell oder gediegen.

Ich möchte viele erreichen.
Jedem etwas geben,
und etwas sagen.
Im Hausgebrauch.
Den Alltag, die Wirklichkeit
abbilden.

Ich will Zeichen setzen, erhalten,
arbeiten für die Ewigkeit.

Früher wollte ich im alten
Ägypten nach solchen Zeichen graben.
Ich liebe solch Zeichen immer noch-
aber jetzt mache ich sie selbst.

Lasse sie aus mir erwachsen,
ich will bewegen - verändern!
Das ist die schöpferische Kraft des Lebens!

Ich will sie leben, vervollkommnen,
im Wissen um das Besondere,
was mir gegeben, was ich freigelegt und erreicht.

Für viele im Wunsch bereichernd,
für den Alltag, das Leben.
Und noch vielmehr für die besonderen
Momente im Leben.
Um sie festzuhalten, zu verewigen.
Das zählt im Leben.

Die besonderen Momente des Menschseins,
Das Leben in geistig Ewiges heben,
die Zeichen erbauen wie Pyramiden,
die tausend Jahre gelten
und die Entwicklung dokumentieren und antreiben.

Für viele in die Ewigkeit gerufen,
sollen Worte gemeißelt
bestehen zur Bereicherung und Entwicklung.

Frei

Ich male meine Welt mit Worten,
die Gedanken werden lebendig dabei.
Sind endlich wahrhaftig an Orten,
die ich vorher nie besucht.

Das Fließen ergießt sich auf Seiten
weißen, sauberen Nichts.
Fülle ich es mit Leben,
existiere ich für mich.

Ich habe hier Platz, den ich brauche!
Und bilden sich so die Worte,
dann bin ich frei.

Ich brauch schon andere Menschen,
die mir sagen,
ist es gut, ist es schlecht.
Ich will es endlich leben,
denn das bin ich.

Ich werd mich an Rückschlägen üben,
mein Talent schulen, eifrig sein.
Ich will mich solch Zwang gerne beugen,
denn ich war noch nie so frei.

Finden andre das Geschriebene läppisch,
schwülstig, flach oder Brei.
Dann tut´s weh, ich werde leiden.
Doch ich werd nicht rückwärts können.
Ich habe mein Innerstes gefunden,
alles andre ist einerlei.

Ich werde meine Worte hüten,
wie ein Kleinod, verletzlich und zart.
Ich will auch damit schwelgen,
Gefühle erleben in rasender Fahrt.

Die Fülle ist zu mir gekommen,
indem ich mich selber fand.
Der vorherige Rest meines Lebens,
der aus der Suche bestand,
scheint wie weg,
beendet.

Ich habe den Zauber, das Fliegen
bei anderen gesucht.
Dabei war er immer in mir!
Das Glück war vollkommen,
als ich ihn fand.

Ich bin noch nie so hoch geflogen
und tief fallen kann ich nicht.
Ich falle auf selbst gebaute Wolken
und tiefer geht es nicht.

Darunter ist mein Grund.
Fest, stark und weit.
Ich ruhe mich hier aus
und fliege dann weiter,
bis zum Ende dieser Zeit.

Gottesgleich

Ich fliege mit leichten Schwingen,
wachse über mich selbst hinaus.

Mit ungläubigem Staunen
nehme ich meine Größe wahr.

Den Spiegel, den andre mir geben,
anzunehmen ist schwer.

Doch schau ich hinein,
erschaure ich vor Entzücken.

Zu selten schau ich hinein.
Ist das Getrauen denn üblich?
Ist es erlaubt und gemein?

Mich durchfährt ein Gedanke,
ich bin nach Gott geschaffen!

Und somit wie alle ihm gleich.

Mit diesem Recht bin ich einzig,
ich soll, darf so leben und schaffen,

das ist im Leben gemeint.

Weisheiten

Was die Phantasie erschafft
und in die Wirklichkeit tritt,
kann der Mensch nur
abbilden.

Der Traum –
Unter Tränen empfinden,
was tatsächlich geschieht.

Die eigene Größe wahrnehmen,
heißt im Erdboden versinken.

Nichts ist heiliger
denn die Irrungen und Wirrungen
eines Menschen im guten Glauben.

Menschen,
die vor sich fliehen,
sind wie Schatten
im Angesicht der
Realität.
Dennoch,
sind sie die Normalität.

Menschfindung
beginnt im in sich
In Frage stellen.
Die Göttlichkeit
beginnt im Erkennen
der Zusammenhänge.

Gott
ist Distanz zu den Dingen.
Bezug nehmen,
heißt Gott menschlich machen.

Göttliches spürbar machen,
das heißt,
im Menschen.

Die Welt ist rund,
ohne Endlichkeit. –
Dennoch leugnen wir die
Unendlichkeit von Wegen.

Das Sein an sich
Ist Ausdruck.
Ohne Sichtbarkeit
existiert es für uns
nicht.
Das Sein an sich ist
dann gar nichts.
Spürt man das,
macht sich das Nichts breit.

Wird es nicht spürbar,
gedacht, empfunden.
ohne wahrnehmen –
Existiert auch das Nichts nicht.
Ohne das sein Gegenpol
auch nicht.
Das Sein.
Ist alles alles
oder nichts.

Ich fühle,
also bin ich.
Ich denke,
also gehe ich aus der
Lebendigkeit.
Ich sehe,
also finde ich Wege.

Ich empfinde,
also beschreite ich sie.
Ich erfahre,
also beschreite ich einen richtigen
Weg.
Ich lerne,
also gelange ich irgendwann
an ein Ziel.

Der Mensch an sich ist einfach.
Denkt er –
Ist es komplex.
Nähere ich mich ihm,
wird es kompliziert.

Der Mensch an sich
Ist einfach –
Aus der Distanz,
dem göttlichen Aspekt –
vielleicht.

Ich bin geboren,
gewachsen –
und habe dem Menschen
vertraut.

Ich bin enttäuscht,
verletzt worden –
und habe dem Menschen vertraut.

Ich bin gestrauchelt,
gefallen
und habe dem Menschen vertraut.

Ich habe geliebt,
unendliches Glück empfunden.
Und habe diesem Menschen vertraut.
Ich bin gealtert,
müde geworden,
und habe den Menschen vertraut.

Ich bin gestorben
Und habe der Menschheit vertraut.
Gott –
War das das richtige Leben?
Wenn man in sich vertraut.

Was du nicht willst,
daß ich dir tu,
das fügst du mir
gerade zu.

Der Eindruck des Menschen
Ist der Ausdruck der Seele.

Ich denke, was möglich.
Tue, was nötig.
Sehne, was unmöglich.
Empfinde,
das Erreichte ist gar nichts.

Lebendige Widersprüche
Leben in Gott

Verloren in Gedanken, desorientiert?
Zerrissen im Wanken, illusioniert?
Vergehend im Schmerz, im Werden begriffen?
Verwickelt, verzweifelt, im vagen Wissen?
Schmerzhaft leidend, neue Wege entwickelnd?
Zerstört, niedergemacht, neues Leben erwacht?
Gekettet, gebunden,- frei, unumwunden?
Tiefes Tal, hoher Berg.
Der Mensch bleibt vor dem Leben ein Zwerg.

Oder wird zum Riesen, in unendlichem Wissen.
Zum Himmel hoch jauchzend, zu Tode betrübt.
Der Takt, der mich wiegt.
Von Anfang bis Ende, dazwischen neues Erken-
nen,
Wende?
Reifen und Wachsen, gehen
Gen wo?
Das Leben ist Aufgabe, erfüllen, wachsen,
Das Leben ist so.

Vergehen und neu bestehen,
vor Lebendigkeit strotzen und im Winde verwehen.
In diesem Leben mit Anfang, Reifen, Vergehen.
Im Fortlauf des Unendlichen
Gibt es nur sich entwickelndes
Fortbestehen.

Strukturen, sich ändernd,
im rhythmischen Wandel.
Da gibt es keinen Augenblickshandel.
Hin laufen zur Vereinigung, zum gottähnlichen
gleich.
Ob das ein Geist je erreicht?

So geplant und geschaffen, auf Erfüllung gesteuert,
wird das Göttliche spürbar, das Leben gefeiert.
In jedem Leben die Abbildung des Universums
gesinnt,
Im Urknall getrennt, auseinanderlaufend,
zum Zusammenfluß bestimmt.

Im Kleinen, im Großen manifestiert sich die
Gleichheit.
Die Regel, das Leben, die Reichheit.
Zum Großen gehörend, kein Verwehn.
Nur ein Werden, vergehen und neu entstehn.

Der Mensch, die Blume, der Acker, die Krume,
der Berg, das Tal,
Mensch, hast Du die Wahl?

Nach Gott geschaffen, aufgefordert nach ihm zu
streben,
sollst Du reifen, nach ihm leben.
Erreichst Du ihn, Vater, weiß keiner genau.
Die Aufgabe dennoch, ob Mann oder Frau,
streben, den Eltern gleichzutun,
ihn erreichen, vorher nicht ruhn.

Zu leben und reifen und nicht wissen, wofür,
das ist die Kraft, die ein jeder spür.
Jeder erfährt Belohnung, der sich aufmacht.
Weil er in neuem Wissen, in neuer Reife und
Glückseligkeit
aufwacht.

Das Gefühl, es ist gut, jetzt, wie es ist.
Ein jeder mit dem Gefühl, das Geschenk, das Le-
ben genießt.
Ein Geben und Nehmen, in Menschlichkeit fließt.
Sich als Trost bis ins Kleinste ergießt.

Gott, der Große, für meine Glückseligkeit, walte.
Meine Freude, mich halte.
Bestimme und füge, gib meinem Leben Züge,
die ich allein nicht ersinnen kann,
ich reife erst dann.

Gottesbeweis

Der Mensch an sich ist einfach,
immer in Strukturen bestimmbar.
Betrachtet man ihn von außen,
ist er diffizil und höchst kompliziert aufgebaut.
Wie alles um ihn herum.

Die Natur, aus der er stammt,
ist unübertroffen in ihrer Komplexität
und Genialität.

Seit Jahrhunderten strebt der Mensch danach.
Sich diese zu eigen zu machen.
Diese zu ergründen und
Entfernt sich oft dabei von ihr.

Der Mensch ist wie die Natur so aufgebaut,
fast unbegreifbar.
Nähert man sich der Natur, dem Menschen,
erkennt man Regeln.
Sucht man sich dies anzueignen
Zu nutzen im Eigennutz,
endet das im Aus, einer Sackgasse.
Nach dem Gottesbegriff im Bösen.

Nimmt man die Regeln an,
um in ihnen zu fließen, zu erkennen
entsteht Liebe,
Dann öffnet sich die Macht der Natur,
des Menschen,
wird man eins.

Die Triebfeder jeder erkennbaren sinnvollen
Regulation, jedes Lebens,
erwächst aus und in Liebe zum Genialen.

Auf dem Rechenschieber gibt es mit Liebe,
mit Eins-Sein, den Ausweg, die Möglichkeit,
in jede Richtung zu gehen,
Strukturen zu erkennen,
zu nutzen, zu genießen.

Ohne Liebe bleibt sie langfristig verwehrt.
Urkraft gleich Liebe.
Das ist die Formel.
Am Anfang war Liebe und führt dorthin zurück.
Die Urkraft alles Werdens und Schaffens.
Was ist der Inbegriff alles Werdens und der Liebe
In diesem Universum?
Gott, die Liebe,
wie es schon die Alten lehrten.

Jeder, der sich außerhalb der Liebe bewegt,
zerstört sein Sein, das Umfeld,
die Welt und damit sich.

Diese Lehre aus uraltem Wissen,
immer wieder bewiesen,
begreifen – heißt,
entstehen, werden, begehen,
sein und bestehen.
In Gott, dem Universum,
in sich.
Ich habe begriffen.

Ich bin in allem und mir.
In Liebe bin ich
Und existiert alles um mich.

Irrlichter

In einem Tag des Jahres wird die Nacht strahlend
hell
Von tausend Lichtern erleuchtet
Bis fast zu den Sternen hinauf.
Einzelne warme kleine Punkte
Wachsen zusammen in Hoffnung,
werden zum glänzenden Meer.
Jedes Licht ein eigener Wunsch,
eine eigene Sehnsucht.

Die Botschaft der Lichter ist laut,
so daß sie wohl jeden erreicht.
Doch die Botschaften, Schicksale
Des Einzelnen dahinter
Gehen unter in der heutigen Zeit.

Schaut man hinter die Lichter
Wird einem kalt.
Wie wenig die Botschaft bewirkt,
wie wenig Handlung sie erreicht.
Wieviel Leid besteht unter den Lichtern,
wird übersehen, gepflegt, ignoriert.
Weiß man doch, das Lichtfest kehrt wieder
Und bis zum Tod ist noch viel Zeit.
Warum heute bessern oder ändern?

Wer sollte wohl als Erster anfangen?
Was sollte uns das Leben geben,
Wenn man nicht selbst dem Leben gibt?
Wie können wir glücklicher werden,
wenn uns der nächste nicht schert?

Wie befriedigt und ruhig werden,
wenn die Gemeinschaft nicht stimmt?

Dennoch bin ich mir sicher,
noch lange leuchten die Lichter,
ohne, daß etwas geschieht.
Leid und Elend dahinter verbergen,
lügen und blenden, - beschwichtigen,
besonders an diesem Tag.

Versteht irgend jemand die Lichter?
Nehmt endlich die Botschaft an!
Zur Rettung des Menschen,
uns aller!
Nicht nur an diesem Tag.
Fürs ganze Jahr hinüber.

Macht die Erde vollkommen,
zum schönsten Planeten im All.
Glücklicher können Menschen nicht werden
Als in diesem Fall.

Kapitel IV

Betrachtungen

...und horch ich in mich hinein,

sind die Antworten

Landschaften des Herzens

Der Strauß

Ich sitze ihm gegenüber.
Bunter Frühlingsbote, mir geschenkt.
Kündete von Liebe.
Die Anemone darin senkt schon ihr Haupt.

Hab ihn aus Liebe erhalten,
an einem kalten Tag.
War das erste Bunte,
daß mein wintergraues Herz erfrischt.

Tulpen recken ihr Haupt nach oben,
scheinbar der Sonne zu.
Auf starkem Stiel - weiche, volle Blüten.
Ihre Farben erhellen mein Gemüt im Nu.
Das satte Grün ihrer Blätter,
klar, gerade, glatt,
gibt mir den Mut.

Dahinter liegt ein Röschen,
lugt zwischen Farn und Blattwerk hervor.
Klein, gelb und verschlossen.
Getraut es sich noch nicht,
seine Schönheit zu öffnen, zu zeigen,
neben den starren, grellen Soldaten
der Tulpeninfanterie.
Ist feiner, geheimnisvoller, - erotisch.
Nicht so zum Anfassen da.
Will bleiben noch im Verborgenen.
Wartet vielleicht auf den Abzug
Der plakativen Farben, links und rechts neben ihr.
Will ihre Fülle erst geben, wenn sie allein betört.

Wenn sie als Einzige
Die Sinne bezaubert und fängt.
Wart nur nicht zu lange mein Röschen,
bis das die Zeit dich drängt,
meine Liebe.

Die filigrane Anemone
Hat sich zum Sterben geneigt.
Senkt traurig, ergeben ihr Haupt,
einer Prinzessin gleich.
Die Verblühende stimmt mich traurig.
So schön und zart, wie nicht von dieser Welt,
ereilt sie in ihrer Zartheit das Ende viel zu schnell.
Getrennt von ihrer Erde,
ist sie entwurzelt, fehlt ihr der Quell.
Kann nicht mehr bestehen neben andern.
Kann nicht bleiben in dieser Welt.
Ade, mein Herz.

Das zäheste Geschöpf unter diesen,
ist der Efeuzweig, mittig plaziert.
Würde sich selbst nie verleugnen,
verliert den Bezug nicht zu sich.
Will nicht blühen, betören mit Farben,
fangen, verführen, brillieren.
Ist nur als Zusatz gedacht,
verliert nicht den Blick für die Aufgabe,
das Wissen um sich selbst.
Als Gegenpunkt birgt er das Bleibende,
produziert schon Wurzeln aus sich.
Immer in Kontakt zu dem Ursprung,
existiert er bald aus sich.
Der Efeu bleibt am längsten.

Ist das nun wesentlich?
Die Planung scheint zu siegen
Mit Verstand.

Ob Anfang, Mitte, Ende,
Alles zusammen bringt das Licht,
birgt den Spiegel des Menschen in sich.
Ist lebendig, früher oder später.
Alles zusammen in Einheit,
ist endlich
wesentlich.

Die Kerze

Die Kerze vor mir,
beinahe heruntergebrannt,
steht in einem gläsernen Ständer
und hat fast den perlenen Kranz
des Randes erreicht.
Im Hals des Glaskelch steckt sie
Sicher und haltvoll.

Aus rotem Wachs erwächst
Ein schwarzer Stiel
Mit heiß glühendem Punkt
An oberster Spitze.
Die Hitze steigt von hier
Nach oben.
Irgend wo zwischen hier
Und dem dunklen Hintergrund.

Doch sucht man die Grenzen
mit den Augen,
findet man klares Aufhören des Leuchtens.
Geht man der Wärme nach,
ist man erstaunt,
wie weit sie brennt.

Das Zentrum der Hitze
Läßt die Gewalt in sich ahnen,
so schwarz und undurchsichtig,
fast unheimlich,
blickt man in die Tiefe hinein.

Von außen betrachtet
ist die Kerze ästhetisch,
warm, lebendig
und Leben spendend zugleich.

Wie lange noch?
Brennt sie weiter nieder,
zerstört sie durch die Hitze
den Glashals
oder wird er sie durch
Festigkeit und Dicke ersticken?
Geerdet durch den Fuß des Ständers,
der Wärmeaustausch schafft.

Vielleicht soll man
Manchmal nicht zu sehr ergründen.
Um sich nicht in der Tiefe
Des Dunkels zu verlieren.
Vielleicht ist der Sinn,
den Lichtpunkt zu sehen,
zu spüren, zu genießen.
Der warme, kleine Halt
In den Momenten der Ewigkeit.

Vielleicht muß man nicht
Das ganze Leben nehmen,
um ein Abbild zu schaffen.
Vielleicht reicht der Lichtpunkt
Als Sinnbild der Lebendigkeit.

Die Kerze ist klein,
fein und sinnlich,
trägt alles in sich,

Lebendiges, Beständigkeit
Und Endliches zugleich.

Die Erfahrung zeigt,
der Ständer wird siegen,
wie die Fassung,
die einen Menschen ausmacht.
Zum Spüren der Lebendigkeit
Laßt uns eine neue Kerze
Entzünden,
denn das Feuer ist die
Lebendigkeit.

Der Koffer

Da steht er
In der Zimmerecke,
schwarz, kompakt, massig.

Beinhaltet Teile meines
Lebens,
Güter,
die ich in der nahen Zukunft
brauche.

In seinem kastigen Bauch
Verborgen vor der Welt,
aufgeräumt, zusammengepackt,
gestaucht,
nutzbar gemacht -
Leben übersichtlich komprimiert.

Er macht sich schwer
In der Ecke.
Durch seine klare Form
Präsent.

Scheinbar wartend,
hat schon seinen Zweck
erfüllt
als Behältnis,
aber
noch nicht den Sinn.

Wartet auf den Transport
zu neuen Orten.

Wohin wird er mich
Begleiten?
Zu dem geplanten Ziel
oder zu
Neuen Eindrücken,
noch nicht
gekannt.

Hilfsmittel für Träume.
Schwer zu glauben,
daß dieser Klotz
neue Horizonte
in sich trägt.

So ist das Leben.
Verpackte Träume,
tragen wir sie mit uns,
geschützt vor der Sonne
an neue Orte,
wo sich irgendwann
der Inhalt
entfalten kann.

Keith Haring

An der Wand vor mir
hängt eines seiner Bilder,
unlimited.

Menschen türmen sich auf einander,
im Quadrat zu drei mal drei,
zu einer Pyramide,
einer Zirkusnummer gleich.

Sind alle in Bewegung,
tanzend, springend.
Die Pyramide stürzt nicht zusammen,
der Rahmen gibt ihr Halt.

Dynamische Menschenbewegung,
in rot und blau auf gelbem Grund.
Die drei untersten Träger – blau, rot, blau,
tanzen auf grünem Rasen.

Die mittleren scheinen zu zittern
unter dem Balanceakt,
und doch Freude zu haben.

Die oben tanzen,
sind frei beweglich –
und doch auf austarieren bedacht.

Was soll uns das lehren,
lebendige Statik erwacht.
Alles in Bewegung, in Aufbruch,
auf Balance bedacht.

Feingliedriges Gefüge,
beweglich auf den Grund angewiesen.
Läßt träumen, zittern, tanzen
Und bleibt doch im Rahmen.

Macht mir Mut
Und Lust.

Das Kriechtier

Ist eine Lebensform,
aus der Natur entstanden,
dem Boden nah.

Aus ihm zieht es Sicherheit,
seinen Farben angepaßt.
Kurze, kräftige Beine.
Kann und will nicht
in Sprünge verfallen.

Ist bedacht,
langsam, taxierend,
erfaßt seine Umwelt genau.

Es heuchelt Trägheit,
abwarten,
um dann blitzschnell zuzustoßen.

Seine Kraft durch scheinbare
Behäbigkeit tarnend,
hat es kaum natürliche Feinde.

Macht den Eindruck,
als sei sein oberster Wunsch,
schlafen in der Sonne,
faul sein, - keinen Hunger haben.

Dabei ist es ein Räuber,
sehr hungrig und gierig,
wenn eine Beute sich täuschen läßt.

Die Augen sind starr,
fast hypnotisch.

Bannen das Opfer,
kalt, unnahbar,
lassen es in Starre verfallen.

Signalisieren,
habe keine Absicht,
Bewegung.

Und stößt es zu,
wehrt sich das Opfer zwar,
aber hat verloren,

Da entscheidende Sekunden vertan,
im wilden Getümmel unterlegen,
ohne Vorsprung,
noch halb im Bann.

Da –
Der Todesbiß,
letztes Krümmen.

Das Ergeben zittert im
Beinmuskel aus.

Die Echse –
fraß die Maus

Der Ball

Der Ball ist rund,
schön an zu sehn.

Er fühlt sich gut an,
nach außen glatt und bequem.
Und innen zentriert,
obgleich er manchmal
vibriert.

Er kann sich in jede Richtung
schnell und mühelos bewegen.
Kann aber auch ruhen, still sein,
sich legen.

Wie mit dem Erdboden verschmolzen.
Obwohl - nur geringe Berührung ist dem
Körper gegolten.
Er wirkt fest, verwurzelt,
wie ein verläßlicher Stein.
Der Ball ist wunderbar -,

kann es sein.

Er kann lebendig umherspringen
und doch ruhend sich selbst genügen.
So zu sein,
ist Sicherheit und Vergnügen.

Gedanken einer Bürgerin

Politische Vergangenheit

Helmut

Auch Dicke können klug sein,
sogar ein Land regieren.
Lehrt uns die Zeit doch anderes,
wie konnte das geschehen?

Er scheint klug und weise,
taktisch nicht händelbar.
Geschickt im Umgang mit seinen Schrullen,
versteht er seine Kompetenz
mit Gewicht umzusetzen.

Glaubt man, er hätte das Land verändert,
Daß Dicke und Weise mehr zählen,
irrt man,
wird man ihn wieder wählen.

Oskar

So heißt auch der Eimer,
in den ich meine Wäsche zur
Aufbewahrung gebe.
Oder mein Sohn sein Spielzeug.

Handlich, mit zwei Griffen,
wirkt er immer aufgeräumt.

Er steht da und erinnert an Arbeit,
die er in sich trägt,
oder die man mit ihm hat.

Er ist praktisch und
Scheinbar gut für alles
Und für nichts,
nimmt man ihn aus dem Zweck.

Blümchen

Der Zwerg lebte in einem Lande,
in dem die Arbeit wohnt.

Er war emsig und fleißig
Und mühte sich,
doch keiner hat es erkannt.
Aufgrund der Größe kaum sichtbar.
So viel wollte er bewegen
Und doch seine Pflicht nur tun.
Das eine bedingt nicht das andere.

Drum wird die Arbeit in seinem Zwergenlande
noch heute ruhen.

Gerhard

Der Frauenweiberheld,
getraute im Schatten des Rechtsstaats
sich die Auswahl zwischen Frauen,
Ehe und Geld.

Man findet ihn sogar sexy,
weil Frauen ihn begehrt.
Der Macher im Haremshaushalt,
benutzte sie für seine Zwecke.
Oh, verrückte Welt.

Bill

Das Fernsehlieblingsbild,
will sich ständig beweisen
und kennt es anders nicht.
Süchtig nach Public relation,

Wird ein Opfer im Wahlkampf,
seine Verzweiflung macht ihn weich.

War er Täter oder Opfer,
keiner wird es erfahren.
Unwichtig im Kampf um die Freiheit,
die Bilder, den Sendeplatz.

Der Kampf um die Macht
Bleibt für den Bürger ein Orakel.
Wo hat er da noch Platz?

Diana – Auf Sand gebaut

Sie hatte ihr Haus auf Sand gebaut.
Von Geburt an kein festes Fundament.
Von haltbarem Boden vertrieben.

Der Grund, den sie fand,
aufgehackt, vermint,
bis sie ein Stück Sand
behalten durfte.

Auf ihm errichtete sie
über Jahre ein Haus,
einen gläsernen Palast.
Schillernd, faszinierend,
von weitem.
Gerne hätten ihn andere besessen.

Doch der Boden darunter
War weich,
wurde immer mehr ausgespült
vom Regen,
vom Wind weggetragen.

In der Mitte ihres Lebens wurde
es immer schwerer,
die Wände zu stützen.
Die Spiegel bekamen Sprünge,
es knarrte und ächzte bedrohlich
im Haus.

Sie versuchte, umzulagern,
abzudichten, Gewicht zu geben.

Sie getraute sich kaum mehr,
sich zu bewegen.

Um das Haus vor dem Abrutschen
zu bewahren.
Doch es half nichts.
Die Wände begannen zu bersten.

Sie arbeitet wie eine Wilde,
grub hier, stützte da,
gab sich neue Form,
Kaum wähnte sie sich
wie auf neuem Grund,

in Sicherheit -,
brachte ein unachtsamer Moment
Alles zum Einsturz und
Begrub sie unter sich.

Deutschland, Wahltag
Jüngere Zeit

Mittags um halbzwölf,
Frühstücksei - drei Minuten.

Liebling,
was machen wir heut?

Wollen wir wählen gehen?
Ach so,
Tante Martha kommt
Um halb vier.

Trotzdem,
es ist ja noch Zeit.

Weißt du schon,
was du wählst?

Nein,
nicht den mit dem Schneuzer!
Der
Ist so unrasiert!

Ja,
ich geb´s zu.
Wird eng,
wenn wir gehen.

Oder sollen wir doch?
Frau Schulze wird fragen.

Ganz
In der Eile ein Kreuzchen
Irgendwo.
Wird schon keiner merken.

Es bleibt sowieso
Beim Alten.
Ist doch so!

Liebling,
laß uns gehen.

Das Leben in Krisenzeit

Wenn die Zeit verraucht
Bekenntnisse einer Gestressten

Ich habe kaum noch Zeit,
doch ich empfand bisher nicht,
das geht zu weit.

Ich bin ständig darum bemüht,
meinen Süchten nachzukommen.
Ich sehe nicht,
wie mein Leben verblüht.
Empfinde nur Unbefriedigung,
ist die letzte Zigarette
verglommen.

Schnell Zeit schinden für eine neue.
Ich weiß nicht,
ob ich das mal bereue.
Bin benebelt,
sehe nicht klar,
so will ich es wohl haben,
nehme nicht wahr.

Ich will was leckeres essen!
Kaum morgens die Augen auf,
sind die guten Vorsätze vergessen.
Denk ich an Diät, krieg ich Hunger.
Mein Gewicht macht mir Kummer.

Wo ist der Kaffee, der Tee?

Ohne sie auskommen, oh je!
Ich brauche den Aufputsch
Wie eine Pause vom Leben.
Ohne ihn
Kann ich danach nichts geben.
Bin schwach und arm.

So empfinde ich,
wenn die Sucht zuschlägt.
Manchmal rebelliert mein Darm.
Habe Kopfweh,
wenn ich aufsteh´ und zu Bett geh.

Zur Belohnung trinke ich Wein,
es muß von mal zu mal mehr sein.
Häufige Kater lähmen mich.
Konsequenzen übersehe ich.

Wenn es mir schlecht geht,
spüre ich mich.
Zwar negativ,
doch da bin ich.
Will ich mich sonst nicht sehen?
Außer in Schmerzen und Wehen?

Ohne alle diese Räuber
Wäre mein Leben sehr lang.
Mit der vielen Zeit –
Ich wußte bisher nicht,
was ich damit anfang.

Muß sie füllen,
aber wie?
Mit mir?
Auf die Idee kam ich bisher nie.

Habe Angst vor mir.
In Glück und Gesundheit.
Meine Person
Immer und ganz fühlen,
geht wohl noch zu weit.

Doch laß ich die Zeit
nicht mehr verrauchen,
kann ich sie
für mich gebrauchen!

Was ist bloß los mit mir?
Diesem Ziel nähern,
will ich mich mehr und mehr.
Ich liebe das Leben doch sehr!

Werde ich lernen,
mich zu genießen.
Und –
In der Zeit fließen.

Die Depression

Juliane war 38,
Mutter und Leittier zugleich.
Sie arbeitete stets
wie eine Wilde,
doch für jeden ein Herz,
immer im Gefühl für andere ganz weich.

Sie gab, was sie konnte,
dem Mann, dem Kind, dem Beruf.
Der Haushalt saugte das letzte,
was sie hatte, aus ihr heraus.

Je mehr sie suchte, zu schaffen,
was ihr Pensum war,
desto weniger Zeit blieb ihr übrig
für Freunde - für sich selbst.

Die Depression begann im September
und blieb den Winter bei ihr.
Sie lachte noch darüber,
und gab,
was ging, für das Wir.

Sie sagt einmal scherzhaft,
die große Winterdepression,
doch ihre Augen waren trübe
und sprachen der Heiterkeit Hohn.
Noch keinen Verdacht,
was schief ging.
Der Winter ging vorbei.

Der Frühling kam zu ihr wieder,
jedoch mit Depression.
So ging der Winter über
in die Frühlingsdepression.

Sie lachte nicht mehr so häufig,
die Augen quollen ihr über,
vor Tränen, oft ungeweint.
Sie war verzweifelt, suchte in sich.
War die Geschichte doch alt.
Ging doch immer vorüber.

Doch diesmal blieb die Depression hartnäckig,
die Trauer wich nicht mehr.
War die große Liebe zum Mann vorüber?
Oder war sie einfach nur leer?
Die Macht der Gefühle nahm sie ins Gebet.

Gebeutelt von Schmerz und Ohnmacht,
verwirrt, verletzt und schwer,
versuchte sie zu kämpfen,
doch die Wahrheit holte sie her.

Sie war nicht mehr dieselbe,
wie vor Jahren, als sie in die Ehe ging,
so vieles war geschehen,
hatte sie nur verdrängt.
Ein Stimmchen sagte: „gehe!"
Doch woher finden den Mut.
Das Stimmchen sagte: „Wehe!
Verweilen, wegschauen, tut nicht gut!"

Ihr fehlte der Mut zum Zuhören,

sie ging zum Arzt, hoffte auf Heilung.
Die Pillen sollten vernebeln,
und machten ihr Beschwerden am Herz.

Sie begann, zu ignorieren,
nicht mehr zu fühlen,
nur zu reagieren.
Verlor eine Freundin nach der anderen
Und es schien ihr gleich.

Schaffte wieder die Arbeit,
brauchte nichts für sich.
Das Gesicht war erschreckend gealtert,
doch bemerkte sie es nicht.

Sie funktionierte einfach,
einer Maschine gleich,
tat ihren Teil zum Leben,
zuviel Träumen macht weich.

So blieb sie in der Starre,
einer Toten zu Lebzeiten gleich.
Ihr Mann ging Jahre später,
ließ sie allein.

Ihr Leben endete im Winter,
gerade neunundvierzig,
die Tabletten schlugen sie nieder.
Sie hatte es erreicht.

Kapitel V

Die Entwicklung

Ein zarter Hauch von Wahrheit

Der Kreisel

Er dreht und dreht sich,
wechselt die Richtung,
schlingert, erhält neuen Schwung.

Dreht sich weiter, tanzt dabei.
Mir wird schwindelig bei der Betrachtung

Bang frag ich mich,
wann kommt er zum liegen, wird stabil sein,
wann hält er an,
wann kommt wieder Ruhe in mich hinein?

Beim Auf und Ab der Gefühle
verliere ich mich,
fange mich wieder, kreise wild weiter,
verzweifelt bemüht auf Ausgleich.

In den unruhigen Bewegungen
den Überblick verloren.
Gefangen im verwirrenden Tänzeln,
sehe ich die Entwicklung in dem Ganzen
nicht.

Nur mein Verstand kann mir sagen,
daß es so ist.
Daß es Kontinuität gibt.

Sehnsucht nach Ruhe!
Mir ist übel vom Drehen.
Angst – Wo trägt mich die nächste Wende hin?

Hoffnung ans Leben!
Auf wiederkehrende Prozesse.
Will das Hin und Her nicht akzeptieren.

Kein Festpunkt in Sicht.
Verloren wie ein Derwisch im Rausch.
Hilfe, wann hört das auf.

An diesem Punkt angelangt,
auf Erfahrungen zu vertrauen,
fällt mir schwer.
Ich zwinge mich zur Ruhe,
zum Einhalten von Bewegung
um zu mir zu kommen.

Erkenntnis:
Das gelöste Tänzeln ist lebend,
die Leichtigkeit im Sein.

Der Wechsel von Schlingern,
im Tanzen und Ruhen,
formt sich der Weg.

Den Weg entlang schauend,
seh ich das mögliche Ziel.
Trost und Vertrauen kehrt in mich ein.

Das grausame Spiel

Gespenster jagen mich in der Nacht,
mein Nacken ist steif,
bin ich morgens erwacht.

Die Arme sind müde, hängen herab.
Mein Griff der Hände schwer, kraftlos,
ich fühle mich schlapp.

Das Energiezentrum leer, niedergedrückt.
Die Schatten ertragen –
macht mich verrückt.

Mir ist übel, ein Gefühl,
mir wurde was angetan.
Ein Gefühl des Mißbrauchs
macht mich lahm.

Andere gehen schlecht mit mir um,
warum tun sie das,
warum?

Der eine heuchelt Liebe,
doch liebt nur sich selbst.

Die andere macht mich nieder,
peitscht Worte wie Hiebe
in mein Ohr, in mein Herz,
hält mich klein, macht mir Schmerz.

Läßt man sich mit Skorpionen ein,
bekommt man viel Gift ab,
muß man Selbsthasser sein.

Ich fand sie faszinierend,
im schaurigen Spiel
mit meinen Gefühlen
und gab viel zu viel.

Selbstherrlich und eitel, theatralisch
schauspielerisch genial geradezu,
setzen sie sich in Szene,
gebannt sehe ich zu,
ziehe mich hinein.

Spielend umgarnen sie ihr Opfer,
lullen es ein.
Stechen plötzlich zu, verspritzen
Gift in lustvollem Wahn.
Ich versteh nicht, warum muß ich das Opfer sein,
was habe ich getan?

Ich war immer liebend,
fürsorglich bedacht.
Wahrscheinlich war der Druck zu groß.
Und ich habe nicht über mich gewacht.

Und es trifft, wen´s trifft.
Das elende Gift.
So eine Unverschämtheit,
welch niedere Art.
Mit Menschen so zu spielen,
ist verachtend und hart.

Der Reiz liegt im Schauspiel,
der Selbstdarstellung,
der Beobachtung des Opfers,
der Grenzenaustestung.

Die Lust zu verletzen,
sehn, wie andere sich winden,
scheint eigenes Leid im Moment zu lindern.
Zum Schluß wird das Opfer gefressen.
Die Täter vom Sieg wie besessen.

Ich bin das willigste Opfer,
was sie finden können.
Keiner duldet so viel,
ohne davon zu rennen.
Oder sich angewidert umzudrehen.

Ich bleibe in Liebe,
will das Gift nicht sehen.
Laß es wieder und wieder
über mich ergehen.

Staunend wie ein Kind,
wenn man es quält.
Ich habe nichts getan,
schon gar nicht gefehlt.

Will ich sie bekehren?
Mit Liebe heilen?
Oder mir selbst was beweisen?

Durch Liebe ändern, was es bisher nicht gab,
was sie mir antun,

zeigen -, daß ich´s nicht verdient hab?
Aushalten, bis sie befriedigt sind
So daß ich Ruhe hab.

Der Versuch ist Idiotie,
denn es geht nicht um mich,
in dem ganzen Spiel zähle ich nicht,
welch bittere Ironie.

Sie tun es aus Selbstzweck,
die Erkenntnis ist hart.
Sie sind von zerstörerischer Art.

Sie haben an ihren Seelen schweren Schaden,
geben eigenen Schmerz ab,
spüren ihn dann nicht selbst.
Können sich an dem Schmerz des Opfers laben.
Holt der Schmerz sie wieder ein,
muß er weg, jemand wieder Opfer sein.

Wie muß es sie in ihrem Inneren quälen,
daß sie andere so brauchen,
auf sie projizieren, sie an eigner Statt wählen.

Im Bild der sichtbaren Grausamkeit
zeigt sich ihre eigene Leidensfähigkeit.
Skorpione im Tierreich verteidigen sich nur,
töten, um zu leben,
vom grausamen Spiel keine Spur.
Das, war der Menschenskorpion daraus macht,
ist dieser Gattung eigen, bei Tieren nicht so ge-
dacht.

Nach langer Erfahrung hab ich eine Ahnung ent-
deckt,
daß auch beim Menschen am Anfang
Verteidigung dahintersteckt.
Das verletzende Gegenüber schlagen,
in die Ecke drängen,
kann einem Luft und Freiheit bringen.

Wie auch immer, meine Verantwortung zeigt,
Ich bin mehr wert,
als daß einer ungestraft,
Gift in mich einleert.

Werde sie meiden, mich zurückziehen,
wo´s geht.
Und Gift zurückgeben
An diese Menschen.
Sonst zeige ich nicht meinen Wert.
fordere sie auf zu neuen Angriffen.
Und habe nichts gelernt.

Bin in nicht wertvoll genug für mich,
Bin ich´s für sie auch nicht, sind sie weiter
grausam gegen mich.
Nein! Sollen sie grausam sein,
von jetzt ab gegen sich!

Und hätten sie kein Opfer mehr,
müßten sie sich selbst anschauen,
was vielleicht die Lösung wär.

Wut

Wut zerreißt,
zerstört, tut weh.
Ist unerträglich.
Will sie nicht haben, nicht dulden.
Gehört Wut zum Leben?
Muß das so sein?
An Wut ist viel geknüpft.
Sie kommt nie allein.
Hat immer einen Auslöser.
Begleitumstände.
Verlustängste, verletzte Liebe,
enttäuschte Hoffnung auf Anerkennung.
Nichtgelingen von Träumen.
Angst erkannt zu werden,
seinen Platz nicht zu bekommen.
Ausgebremst zu werden.
Zuwiderhandeln wird mit Wut bestraft,
bei sich und anderen.

Der erste Schritt ist die Wut anzuerkennen,
normalerweise ist Wut nicht erlaubt.
Der zweite, zu fragen, wer macht mich wütend?
Ich mich selbst oder andere.
Hier setzt schon meist eine Verquickung ein.
Schafft man dennoch eine klare Antwort,
geht es an die Frage, warum?
Warum bin ich wütend?

An solchem Punkt angekommen,
der Lösung ganz nah,
wird es zumeist äußerst schwierig.

Wir möchten nicht hinschauen,
uns oder andere schützen.
Warum bin ich wütend?
Es fallen uns tausend Gründe ein.
Für uns Hieb und Stich- fest,
aber bei näherer Betrachtung nicht
des Pudels Kern, da es sich
um Banalitäten handelt.

Es läuft immer wieder auf verletztes Gefühl hin-
aus,
Die Gründe sind individuell.
Meist ist es verletzte Liebe.
Und das ist das schwerste!
Wir haben gelernt, unsere Liebe zu tarnen,
aus sicherem Abstand zu leben oder zu
verbergen.

Die uneigennützige Liebe ohne Anspruch
Völlig loslassend, nur zum Selbstzweck der Liebe
Gedacht, bedingungslos –
Heute fast unmöglich geworden in dem
Zeitalter des Individualismus.

Verloren

Habe mich in mir verirrt.
Taste ängstlich im Dunkeln.
Finde keinen Ausgang mehr.
Glaube die Sonne, das Glück
Verloren.

Verzweifle an mir.
Hat alles nichts getaugt?
Glaube,
in meinen Zielen zu irren.
Will sie also nicht mehr.
Aber wohin dann?

Suche Halt,
doch finde nichts,
an das ich mich halten könnte.
Du fehlst mir
In deiner Abwesenheit.
Schmerz,
unerfüllter Trost und
versagte, unvermochte Nähe.

Mein inneres Kind kreist verwirrt
im Toben.
Niedergeschlagen
kauere ich mich in
eine Ecke des Hirns,
lasse mich schwer fallen.

Ein wohlbekannter Schmerz
Zieht ein,

nimmt mir die Kraft.
Gedanken kreisen über mir.
Bilden Gefühle, unrationell,
Angst, Trauer, Wut.
Was tun?

Ich habe ein Stück des Himmels erhofft.
So sehr ersehnt,
daß ich ihn wähnte in dir.
Erfüllung, finden des
Zweiten Teils zu mir.
Der lang erträumte schien da
Zu sein.

Doch mußte ich erkennen,
der Himmel ist allzu weltlich,
ist nicht so perfekt,
wie im Traum erdacht,
fehlerhaft menschlich zeigt
er sich.

Fühle mich nicht aufgehoben
Bei Dir!

Schmerz, Trauer, Enttäuschung.
Kann ohne Träume nicht leben!
Habe sonst keinen Halt,
kein Ziel.

Bin leer, verletzt, verloren.

Woher nur die Kraft nehmen,
neue Träume aufzubauen,
von vorne anzufangen.

Ein kraftvolles Stimmchen
Schreit Lebendigkeit.
Ruft Hilfe, Trost, Begehren.
Gib mir einen neuen Traum!
Suche weiter nach dem Schatz –
Der Liebe, des Lebens, des
Glücks.

Und muß ich suchen bis ans Ende
Meiner Welt –
Und nie fündig werden.

Der innere Schrei

Angespannt, unruhig,
unsicher,
ein leises Ahnen.
Unbestimmbar kriecht etwas hervor.

Ängstliches Wahrnehmen,
zulassen?
Zartes Hineinhorchen.
Ein dunkles Rumoren steigt empor.

Aus den Eingeweiden -
klopft an das Gefühl.
Ziehen im Magen!
Übelkeit.
Verlorenes Tappen
In sich selbst.

Nein!
Verleugnen! Bloß kein Wahrnehmen!
Gegenwehr.

Das Ziel:
Hinunter kämpfen -
Folge:
Wilde Gedanken kreisen.
Gefühle kämpfen blutige Schlachten.
Die Hoffnung:
Ruhe.

Aber es reicht nicht.
Das ganze Sein in die Waagschale werfen!

Ewige Momente des Hin und Her.
Sekunden zwischen Leben und Tod.
Zerreißprobe der Kräfte.

Geschafft.
Schweres Hinunterschlucken!
kurzes Atmen,
verharren,
lauschen,
ungutes Wahrnehmen,
denn
Übelkeit bleibt.

Angstvolles Fragen,
bleibt die Umwelt ruhig?
Bleibe ich still?

Da,
ein Wort, eine Geste,
ein Geruch, eine Bewegung.
Ein grollendes Rollen
Steigt aus der Mitte des Nabels hervor.
Überströmt den Körper,
wie heiße Lava.

Zielstrebig auf den Kopf zu,
nimmt ihn in die Klauen,
preßt, peinigt!
Schnürt das Blut ab.

Zwingt die Lippen auseinander,
läßt sie sich formen

wie zum Herauslassen,
Aufbegehren!

Will schreien,
den Schmerz wegschleudern!
Alle hören lassen,
welche Pein in mir tobt!

Jedoch
Bleibt der Mund stumm.
Die Übelkeit steigt.
Unbekämpfbar in die Adern,
lähmt, tötet ab,
nimmt sich alles.

Die Lippen bleiben lautlos geöffnet,
die Augen verschließen sich
ergeben in ihr Schicksal.

Und wieder ist ein Teil gestorben,
hat abgeschlossen
in sich selbst.

Die Augen füllen sich fast unsichtbar.
Eine Träne rinnt herab,
kaum bemerkbar.
Im Andenken an mich,
an die Welt.

Tränen

Aus unbestimmbarer Höhe,
unter Qualen geboren
fallen sie nieder.

Wo seid ihr gewesen?
Schreit der Boden,
der nach ihnen dürstet.

In gleichförmigen Tropfen.
Klopfen sie an mein Herz.

Rinnen, rinnen, rinnen –
Klären, waschen ab.

Ihre Gewaltigkeit spürend,
gebe ich weiter nach.

Das Wasser des Lebens,
der Gefühle,
entwickelt den eigenen Takt.
Klopfend an mein inneres Fenster.
In der Mittsommernacht.

Ich vergieße, genieße.
Erlösender Guß aus Leben.
Gib mir neue Kraft -.

Wahrhaftigkeit in dir bergend,
tränke, wasche ab.

Das Rinnsal im Garten

Es regnet,
schon zwei Stunden.

Ein Bächlein hat sích gebildet,
quer über den Rasen.

Zwischen Blumenrabatten,
läßt die Erinnerung an den
Frühling unangetastet.

Löst Mineralien aus
dem Boden.
Die Rückkehr der Schöpfung
zu sich selbst.

Ein kleiner Weg,
nur Natur gebildet,
findet in mich hinein.

Wie Phönix aus der Asche,
ein Anfang
mit Fortbestehen.

Eine Beleidigung für jeden
Gärtner,
weil in ungeordneten Formen.

Ich erkenne
Und laß es gewähren.

Ich weiß, die Sonne
wird das Wasser verbrennen.

Doch bleibt der kleine Weg,
zwischen Blumenrabatten,

Der Mensch ist zu klein,
um zu erkennen,
welche Wege die Natur ihm gibt.

Verschütte sie nicht,
beschreite,
um zu wissen,
wohin sie führen.

Die Fliegen auf dem Leim

Vor einigen Tagen hat
mein Mann einen Fliegenfänger
In unserer Wohnung aufgehängt.

Ich fand das unnatürlich,
Wir haben Juli und Fliegen sind in dieser
Zeit, besonders
In Wassernähe in größerer Anzahl normal.

Sie kamen in die Wohnung
und krochen überall herum.
Das ist normal, dachte ich.
Das sie etwas zur Nahrung suchen.

Mein Mann fand sie störend
Und hängte den Fliegenfänger auf.
Von Stunde an beobachtete ich
Den Leimstreifen,
der zwischen dem russischen Wein
und der achtlampigen Eßzimmerleuchte
baumelte.

Hoffte,
kein Tier würde ihm auf den Leim gehen.
Am
Ersten Tag waren es zwei
unschuldige Geschöpfe,
angelockt,
durch was auch immer.

Wohlgeruch oder Geschmack.
Sie klebten da,
verendet,
die ganze Schmach des Täuschens
und die Vergänglichkeit in sich,
Ein Fehler,
und du bezahlst mit dem Tod.

Dann waren es schon sieben.
Ich konnte kaum an
Den Kadavern vorbeischauen.
Eine zappelte noch.

Am nächsten Tag fiel es mir leichter,
eingedenk der Notwendigkeit.
Denn die Fliegen schienen sich im Zimmer
zu vermehren.
Unerhascht,
breiteten sie sich aus.

Was tun?
Ich beobachtete weiter,
der Fliegenstreifen
füllte sich.
Die Fliegen wurden in der Wohnung immer
Mehr.

Sie einfach walten lassen.
Wie in der Natur?
Oder fangen,
um der eigenen Ruhe willen,

ich wußte nicht mehr.

Verzweifelt starrte ich
Jeden Morgen auf den Fliegenstreifen
Im Eßzimmer vor mir.

Zählte die Todesopfer,
wie viele,
weiß ich nicht mehr.

Gegendarstellung

Einer Fliege

Ich werde gehen und walten,
gehe nicht auf den Leim.

Ihr werdet euch noch wundern,
glaubt ihr,
daß ich klebe und zappele.

Ich gebe mir den Anschein,
als kokettiere ich mit dem Leim.

Glaubt mir,
und ich werde frei.
Schwirre umher und
Täusche.

Ich gehe nicht auf den Leim.
Werde mir Leben und Nahrung suchen.
Ich hocke auf der Nasenspitze,
kitzele,
vertreibt mich
und ich kehre spielerisch zurück.

Werde meine Nahrung finden
Und wenn ich euch an der Nase
Herumgeführt habe,
fliege ich aus dem Fenster hinaus.

Die Wiese ist viel größer,
dort sind viele von mir.

Euch interessiert nur eure Behausung
Und das ärgerliche Kitzeln von mir.

Gefrorene Wut

Kalter Pfeil aus Schmerz
Traf einst das Herz.
Wut hätte ihn herausgebracht,
doch der Mensch hielt fest.
Die Kälte erwacht.

Die Wut gibt nicht auf,
bohrt, rumort.
Unter Pein, Verzweiflung

Frißt der Mensch hinein.
Tagtäglicher Kampf der Kräfte,
Seele und Ratio gehen
nicht in Verein.

Die Wunde, einst klein
Wird größer und eitert.
Kaum mehr zu ertragen
Wird die Abwehr erweitert.

Verleugnen, Dulden, nicht
Wahrhaben wollen.
Unsäglichen Ohnmacht gegen
Ein Grollen.
Aus tiefer Seele im Kampf
Ist der Eigenwert verschollen.

Hinter dem unsäglichen
Kampfgetümmel
Schleicht sich der Feind,
die Kälte hinein.
Verspricht Linderung,
Vereisung des Schmerzes.
Nicht mehr spüren, Erlösung
Nimmt dafür ein Stück des
Herzens.

Kann gefrieren den Schmerz
Nicht ohne andere Gefühle
Auch abzukühlen.
Die Kälte wird in die
Gleichgültigkeit spülen.

Sich selbst und anderen
zuzuwenden
Wird immer schwerer.
Ein Eispanzer wächst
Im Laufe der Zeit.
Kalt, hart, ohne Leben,
kann ein so gefrorener Mensch
nichts mehr geben.

Die Lebendigkeit ist erstarrt.
Die Seele des Menschen wie
Im Todesschlaf verharrt.

Und wollte er sich hinausbewegen
Aus dem Panzer
Oder das Leben ihn berühren,

bricht das Eis auf.

Kommt der Schmerz wieder,
schon so stark gesteigert,
daß der Mensch sich verweigert.
Schnell den Panzer wieder verschließt,
daß das vermeintliche Gift ihn
nicht tötet,
oder nach außen ergießt.
Denn Wut darf nicht sein,
ist Gift und Feind.

Macht Angst in ihrer angestauten Form,
ist so mächtig, wirkt gefährlich,
bricht unsere Norm.

Die Kälte wirkt friedlich,
fühlt sich an wie ein Heilen.
Doch ist sie nur lebloses Verweilen.

Will man leben und fühlen,
läßt sich die Wut nicht auf ewig binden,
wird sich eines Tages
als starker Strom nach außen winden.
Einem Vulkanausbruch gleich.

Die Angst ist groß,
daß die Kraft einen tötet,
man weiß nicht,
wie lange sie wütet.
Und fragt sich, ob man versengten
Boden je wieder erweckt.
Man vergißt,

daß auf Eis auch nie etwas wächst.

Und bricht nun die Eiskruste auf
Vollzieht sich die Macht,
der Eiter ergießt sich.
Reißt das Eis mit sich.
Der Eispanzer schmilzt in der Hitze
Unglaublich schnell.

Legt sich der Sturm,
wird es hell.
Kann man auf seinen Boden blicken,
und sieht zartes Grün ersprießen,
neues Leben erwecken.

Kapitel VI

Stationen einer Ehe

Ausfahrt Sehnsucht

Liebe

Blütenblätter auf der Haut,
zart duftend und weich.

Schweißtropfen bilden Freudentränen
Der Seele an meinem Hals.

Mit solcher Reinheit
Hab ich nie zuvor gefühlt,

in bewegender Einheit
bist du der erste,
den ich so gespürt.

Deine Küsse wie streichelnder
Morgenwind im Haar,
auf meinem Gesicht.

Kann nicht genug bekommen
Von dieser sättigenden Unendlichkeit.

Deine Worte leise geflüstert
an meinem Ohr,
erreichen meine Sinne,
formen ein Bild in mir.

Glänzende Farben in Flächen,
durchtränkt mit Sonnenlicht.
Springende Funken und Streifen
In Gold, Silber und Hellblau.

Berührst du meine Schenkel,
ergießt sich ein sattes Rot
in das Kaleidoskop der Farben.

Süß prickelnde Erwartung,
wie ungeduldiges Frühlingsgrün.
Durch die Nerven der Arme.

Und Trittst du endlich zu mir,
gibst dich ein, voll und ganz.
Vermischen sich die Farben zu
Einem wilden Freudentanz.

Schwingen auf und nieder,
fügen sich zu einem Band.
Auf dem Höhepunkt des Genießens,
bilden sie einen Regenbogen,
prächtig, stark und lang.
Auf ihm kann ich thronen
Für einen kurzen Moment.
Gleite sanft auf ihm zur Erde nieder.
Und spüre ihn noch lang.

Bin beglückt, beseelt,
zufrieden.
Will schlafen in deinen Armen.
Bis ich deine Liebe wieder spüre.
Von jetzt bis zum jüngsten Tag.

Zwei Männer

Zwei Männer sitzen sich gegenüber,
scheinen locker und leicht.

Mit blanken Augen befühlen sie sich,
taxieren und scherzen,
fachsimpelnd übersehen sie mich,
ganz in ihr Spiel vertieft.

Mit beiden habe ich geliebt,
beide kenne ich gleich.
Ich schaue vom einen zum andren,
sie sind sich irgendwie ähnlich.
Meine Stimmung wird weich.

Der eine weiß, der andre nicht,
das ist heute im Spiel von Gewicht.
Ich ziehe Vergleiche und freue mich.

Beide zu lieben ist leicht.
Beide von Wert.
Beider Gefühle haben mich schon geehrt.
Ich empfinde Reichtum und Wärme zugleich.

Sie spielen weiter,
messen freundlich und heiter.
Ich frage mich, wie geht es weiter?

Sie trennen sich friedlich,
im Kampf ungeklärt.

Jeder mit eigener Bewertung
und Urteil vom andren.

Ich saß nun dazwischen
und habe ein drittes Bild,
und was tatsächlich als
einzige Wahrheit hier zählt.

Ich allein kann den Dreier lösen,
und nehme ich an,
sind es drei gewesen.

Beide lieb´ ich, doch
nicht beide gleich.
Einer kommt tiefer in mein Herz hinein.
Das kann in solchem Fall
nur die Wahrheit sein.

Was ich bei beiden gesucht und
gefunden,
war ein Teil von mir,
den ich immer trug.
Den ich zu schauen nur vorher
nie wagte.

Jetzt schau ich hinein
und nehme an,
und muß nicht mehr suchen bei einem Mann.
Ich bin ganz und voll in mir.
Deshalb spür ich ein zweisames Wir.

Beide haben sich verdient gemacht,

doch nur einen kann ich beschenken,
mit mir als Person,
das ist der,
mit dem ich im Herzen wohn.

Der andre bleibt zurück,
sicher im Schmerz.
Trennung tut weh und ist schwer,

Er war so wichtig für mich
zu finden.
Hat immer in meinem Innern einen Platz.
Ich bin ihm so dankbar
und liebe ihn dafür.

Doch es ist erlösend,
den gemeinsamen Traum
muß ich nicht jagen.
Er war immer in mir.

Bitte laß los und bleibe mein Freund,
ich liebe Dich wirklich,
doch nicht so, wie Du meinst.

Ist es möglich, daß wir nicht gemerkt,
daß wir Bruder und Schwester,
und nicht Mann und Frau,
daß es das gibt?

Wir haben irgendwo etwas übersehen,
oder mit ungleichen Ideen gespielt.

Es fehlte ein Funke
von einer Liebe zur anderen.
Doch es gibt nur eine,
die zwischen Paaren zählt.

Die zu erreichen
sind wir zu jung oder zu alt.
Vielleicht lieben wir uns einfach anders,
als es eine Partnerschaft trägt.

Durch Dich hab´ ich Schattierungen gelernt,
des Lebens, der Liebe, der Sinnlichkeit.

Meine Träume sind jetzt bei mir.
Ich kann Dich mit hineinnehmen.
Dazu lade ich Dich ein.
Flieg, wenn Du willst im Traum mit
mir weiter.

Nur laß auch los, einiges tun
kann ich nur allein.
Ich will wohnen im Leben
mit dem gewählten Mann.
Es gibt eines,
was ich nicht will und nicht kann,
mich aufteilen zu zweien,
denke daran.

Trilogie:

Haltlos

Ich fühl´ mich einsam und allein.
Empfind´ das Leben,
als ob nie was Schönes
drin gewesen.

Seh´ keinen Sinn
Für die Mühe, den Schmerz -.
Ich ziehe mich abwärts.

Wovor laufe ich weg?
Was ist in der Selbstverleugnung
Der Zweck?

Mich haben Freunde verlassen -.
Falsch, -hieß´ sie gehen -,
doch kann ich nicht lassen.

Kann kaum den Schmerz der
Einsamkeit tragen.
Geschweige denn, ein alleiniges
Leben wagen.

So freß ich hinein anstatt auszubrechen.
Ich will mich an mir selber rächen.

Für den Schmerz, den ich ertrage.
Wer hat ihn mir zugefügt,

ist meine Frage.

Alles, das Leben-
Vor allem ich selbst.
Hab mich durch Dulden
schon immer gequält.

Anstatt mit der Faust
auf den Tisch zu schlagen,
mag ich nur Selbstzerstörung
wagen.

Was ist der Punkt,
was schmerzt mich wirklich?
Ich will kaum heran,
so ist Finden nicht möglich.

Der Kotzbrocken

Du hast mir weh getan,
doch das willst Du nicht hören.
Dir tut's ja noch mehr weh!
Ich kann Dich nicht mehr sehen.

Du hast mich hingehalten,
spielst ständig den Verletzten.

Wartest auf Gelegenheiten,
um im Kampf Gleich und Gleich
die Waffen mit mir zu wetzen.

Du weißt, daß ich Dich immer
Gebraucht hab,
weil Du mir gabst, was ich sonst
nicht gehabt hab.

Verletzt, kindisch und egoistisch
Zugleich,
beschmutzt Du das Schöne
und kochst mich weich.

Wenn Du mir nichts gibst,
dann geb ich Dir auch nichts.
Was für ein Scheißspiel,
mit dem Du hier vorkriechst.

Ich hab Dich verletzt
Und laß Dir keine Zeit,
Deine Wunden zu lecken,
Will zwar gehen, doch nicht loslassen,
das alte Schöne immer wieder wecken.

So geht das nicht weiter,
ich muß es beenden,
mich von Dir abwenden.
Und dann kommt die Leere
Einsamkeit macht sich breiter.

Und wo bleibt meine Wut?
Sie raus zu lassen,

das täte gut!

Ich möchte Dich beschimpfen,
Dich hassen und treten.
Dir einen Teil heimzahlen
Von meinen Nöten.

Du schmieriger Schleimer,
egoistisches Balg,
verstehst Dich immer zu
winden wie ein Aal.
Du bist ja so sensibel,
doch nie offen und direkt.
Bleibst immer in Sicherheit,
defensiv und gedeckt.

Dieses Ausweichspielchen
bin ich so satt!
Du Weichei, egoistischer Geck,
ich geh nicht schachmatt,
schere Dich weg.

Hintenrum austeilen, das kannst
Du gut!
Und reagierst gekränkt
auf meine Wut?
Dein Horizont ist mir viel
zu nieder.
So leben wie Du, wäre mir
echt zuwider!

Die Wahrheit

Ich suche Schuldige,
wo´s keine gibt.
Will das Leben nicht erdulden.
Alles jetzt, hier und sofort
Ändern mit einem Schnitt.

Kann so wenig mit Gefühlen
Umgehen,
will den Prozeß nicht annehmen
und verstehen.

Schau ich von außen,
ist es gar nicht so wild.
Da gibt´s sehr viel Schönes
im Gesamtbild.

Dann ist klar, daß sein muß,
wie es ist.
Aus Liebe in Lösung
wird nun mal Haß,
aus Schutz, aus Wut
kann kein Frieden sein.
Sonst wäre Lösung nicht möglich,
kann man sich nicht befreien.

Ich weiß, es ist richtig,
was ich jetzt tue,
ich beginne schon Neues.
Doch fehlt mir die Ruhe
und das Vertrauen,

ich kann was neues, gleichwertiges
aufbauen.

Loslösung war mein schwerstes
Ding.
Ist es noch immer,
wie ein bleierner Ring
legt sich Angst und Schuld
auf mich nieder.
Angst, tu ich das Richtige.
Kehrt dann nichts Schönes mehr
wieder?

Loslassen ist einer Todsünde gleich,
Angst zu fallen.
Lasse ich los, fallt der andre
zugleich?

Hab ich einmal losgelassen,
werde ich schon sehen,
was ich davon hab.
Das hat mir meine Mutter so beigebracht.

Lasse ich los und wende mich ab,
mach ich was falsch,
sehe nicht,
was es gerade hinter mir gab.

Kein Zugriff – keine Kontrolle,
keine Sicherheit -.
Dieses Credo bestimmte meine bisherige
Zeit.

Nicht ganz, weil ich hab hier
einiges getan,
es läuft nicht mehr alles nach
alter Bahn.
Ich lernte auch mal ohne Sicherheit
zu leben.
Sie zu lassen oder mir selbst
zu geben.

In tiefer Trauer wird´s natürlich
noch eng.
Das muß ich noch lernen so zu
nehmen,
weil ich sonst wieder in alten
Strukturen häng.

Insgesamt ist mir wohler als je
Zuvor.
Nur vergeß ich das leicht,
wenn ich in mir bohr,
Im Suchen, Ergründen, irgendwas
finden,
um Angst vor Unsicherheit in mir
zu binden.

Laß ich es raus,
hört die Lähmung gleich auf.
Ich spür meine Lebendigkeit,
meine Kraft, mein Bewegen.
Das Positive als Möglichkeit.

Ich kann nun begegnen, dem Schmerz,
meiner Trauer – und nehme sie an.
Ich werde auch das durchleben,
ich kann es -, ich kann!

Das Tal der Tränen

In einer Zeit des Lebens kam ich an ein Tal.
Als ich es erblickte, war es leer. Wirkte trocken,
weit, - ohne Leben.
Mit großen, düsteren Bergen, die es einengten,
fast auf die leere Ebene zu fallen schienen.

Ich scheute zurück. Wollte es nicht betreten.
Eine innere Macht zwang mich, gab mir das Ge-
fühl,
dorthin zu müssen.
Als ob mich eine Stimme an den bestimmten Platz
ruft.

Ich betrat es, gezogen – voll Angst.

Kaum zwischen den Bergen, überkam mich Be-
klemmung.
Die leere Wüste vor mir tat weh. Schlug mich nie-
der, wühlte mich auf.
Ich wußte, ich muß es durchschreiten, - und hatte
Angst.
Vor dem Schmerz, den mir der heiße Boden
entgegen schlug.
Jeder weitere Schritt schnitt wie Messer in meine
Fußsohlen ein.
Ich kämpfte mich vor.

Der Schmerz steigerte sich mit dem weiter hinein
gehen,
bis Zähne zusammen beißen mir nicht mehr half.

Ein gezielter Stich durchfuhr mich, unaushaltbar.
Ich schrie auf – wie nie im Leben zuvor.

Und die Tränen begannen zu fließen,
unaufhaltbar, wie ein reißender Strom.
Füllten langsam den Boden, benetzten die gequäl-
ten Füße,
schienen zu kühlen, wurden zum See.
Groß, flächig, weit, wie das Meer.
Trugen die Weite der Verletzung in sich.

Gleichwohl rückten die Berge näher,
schienen auf mich zu zumarschieren.
 Mit Größe, Macht, Gewalt. Angst, sie stürzen
gleich auf mich.
Die Weite verschaffenden Tränen, brachten kei-
nen Abstand mehr,
keine Sicherheit.

Die Riesen nahmen den Raum weg, zwängten
mich bald ein.
Fast schon spürbar waren sie neben mir,
nahmen mir die Luft.

Todesangst erfaßte mich,
Ich rannte los.
Auf den schmalen Landstreifen zu,
den die Riesen zwischen sich ließen.
Von Sekunde zu Sekunde enger, ich lief um mein
Leben,
fast als überholte ich die Zeit.
Ich blickte nicht aufwärts, ertrug die Gefahr nicht.
Dennoch nahm ich sie wahr.

Im Augenwinkel erkennbar, wuchsen die Berge zu Monstern,
erschlagend, verlöschend, tötend. Nur noch Sekunden bis zum Ende,
nur noch Armlängen bis zum Horizontstreifen,
zu einem winzigen Spalt schrumpfend.

Ich blickte im Raum auf –
Und fiel.
Niedergedrückt von ihrer unabwendbaren Gewalt.
Ich war am Ende. Eine Stimme sagte: „ Gib auf.
Laß es geschehen, du kannst nicht mehr weiter,
ruhe dich aus."
Ewiger, wohltuender Schlaf.
Ich krallte die Hände zum Abschied in den Sand,
den die Tränen noch nicht erreicht hatten.
Als letztes Zeichen des Lebens, war ergeben, geschlagen.

Da passierte das Wunder. Der Sand war warm,
voller Leben,
Energie kehrte in mich zurück. Ich begriff,
ich war schneller als meine Tränen,
hatte sie überholt.

Ich sammelte alle Kräfte, die mir verblieben waren
aus Urtiefen in mir hoch. Ich wollte mich aufbäumen
Und springen –
In die Freiheit, dem Tode entkommen.
Gleichwohl kroch ich zwei Meter vor.

Als ich erwachte, wärmte die Sonne,
meinen geschundenen Rücken, zerkratzt von hartem Gestein.
Brachte mir Leben in die Knochen, in die Sinne,
in mein Sein.

Als ich mich aufrichtete und zurückblickte,
standen die Riesen, dicht an dicht, ohne Spalt.
Als hätten sie sich für immer geschlossen
Und ließen mich nicht mehr zurück.

Das kleine Glück

Das kleine Glück stand
An der Straße.
Habe es eingepackt.

Eine Frau in mittleren Jahren,
blond, blau- grüne Augen,
mit mildem Gesicht.

Ihr Lächeln war so zaghaft,
daß mein Herz leicht hüpfte,
als ich sie mitnahm.

Sie war so süß, zerbrechlich,
fast zu wertvoll für
meinen alten, zerbeulten Wagen.

Was mache ich damit.
Bin ich der Rechtmäßige,
der sie heimführt?

Ich weiß es nicht.
Kann sie kaum behalten,
doch zieht es mich.

Mann wird sehen.

Kleines Arschloch

Das Arschloch sitzt auf dem Sofa,
zieht sich die Glotze rein.
Säuft Bier, qualmt eine nach der anderen.
Läßt nichts an sich heran,
in sich hinein.

Sag ich was Nettes,
fragst du, warum.
Beklage ich mich,
wirst du stumm.

Will ich Leben,
forderst du Ruhe,
und schaust auf deine Schuhe
anstatt in mein Gesicht.
Du willst mich nicht.

Es muß doch reichen,
daß du malochst,
das Geld für uns ranschaffst.
Was will ich denn noch?

Kein Mensch darf sich für dich
Interessierten.
Will ich mehr,
versteh ich dich nicht.

Brauch ich dich als Mensch,
existiere ich für dich nicht.

Kannst nicht mehr geben,

außer Arbeit und Geld.
Ist das deine ganze Welt?

Ich hasse die Löcher in
deinen Latschen
Aufgeschabt am Sofatisch.
Wie kann Intelligenz so veröden.
Ich weiß es nicht.

Hast du Ziele, hast du Träume?
Frage ich, kommt nur schwammiges Nichts.
Sind zusammen alt geworden,
viel zu alt für dieses Nichts.

Du willst von mir nichts wissen,
Hauptsache,
ich kümmere mich um dich.

Wo ist da was für mich?
Noch mehr kann ich nicht geben!

Zu viel gegeben

Will nicht mehr lieben,
habe mich verzehrt.
Mich selbst in die Waagschale
Geworfen.
Bin dabei verbrannt.

Die Liebe war so groß,
durchtränkte mich in allen
meinen Fasern.
Habe mich in Liebe verzehrt,
gab alles,
was mich ausmacht.
Zum geben, erhalten, retten.
Was blieb,
war Leere und Schmerz.

Was habe ich falsch gemacht?
Falsche Liebe bricht das Herz.
Muß mich verschließen,
Träume gehören nicht ins Herz.
Sind Geschöpfe der Nacht,
ertragen das Leben nicht.

Bin verkehrt,
falsch gepolt und spinne.
Meine Launen machen dich
Wahnsinnig -, sagst du.
War immer nur blöd
Und habe dein Leben zerstört,
sagst du.

Will nie wieder jemanden zerstören,
will nie mehr verletzen,
schuld sein.

Muß gehen,
weg sein, fehlen?
Kann die Verantwortung nicht mehr tragen.
Meine Hilferufe hast du nicht
Verstanden.
Dir helfen konnte ich nicht.

Kann jeden verstehen,
der die Welt flieht.
Nichts Menschliches ist mir fremd.
Liebte das Leben, die Menschen.

Habe zu viel geliebt.

Die ewigen Soldaten

Unsere Beziehung kommt
mir vor:

Du stehst regungslos in der Mitte
Unseres Raumes
Und ich kreise um dich,
unfähig anzuhalten.

Im Laufe der Jahre habe ich einen
Regelrechten Schützengraben
herausgelaufen, aus dem ich kaum
mit der Nasenspitze herausrage.

Du kauerst oder stehst
In der Mitte.
Wenn du jetzt schießt,
kannst du mich nur noch
direkt zwischen den
Augen treffen!

Jedoch bietet der
Erlaufene Graben auch Schutz.
Ducke ich mich
Und ziele auf dich,
aus der Deckung,
wie aus einem Hinterhalt –
treffe ich unerwartet.

Wirst du dich bewegen?

Das grausame Spiel beenden,
aus der Mitte heraustreten,
womöglich –
über den Graben springen?

Werde ich mich hervor trauen,
Zu dir aufs Plateau,
Oder mit dir
Den Graben verlassen?

Wie oft haben wir
In den Jahren Krieg gespielt.
Auch
Die Positionen vertauscht.
Ich oben,
du im Graben.
Und umgekehrt.

Wann legen wir beide
Die Waffen nieder
Und gehen gemeinsam
In die Lebendigkeit?

Oder wird der Kampf währen,
bis einer übrigbleibt.

Kapitel VII

Träume –
Die Blume der Hoffnung

Die Nacht am Strand

Die Sonne geht unter
In orangem Rot-Gold,
erfüllt das Meer mit lebendigen Farben.
Erwartung senkt sich über das Land.

Sanft plätschernde Wellen tragen
Die Stimmung zu mir.
Der Abstand wird geringer
Zwischen Dir und mir.

Langsam steigt ein Teppich
über uns empor.
Von kleinen gleißenden Lichtern
Symmetrisch,
wie von Gottes Hand angeordnet,
weisen sie uns Punkte.
Geben ein Bild im Ganzen -
nie wieder allein.

Champagner- glänzender Sand
kitzelt den Nacken, die Arme,
umschmeichelt, weckt Träume gar.
Wohin wird das Meer uns treiben,
wohin fließen die Sehnsüchte.
Bin ich für Dich,
 was Du für mich immer warst?

Unendlicher Himmel,
Du bewegst dich neben mir,
Weckst zu so später Stunde

neue Lebensgeister in mir.

Ich spüre deine Hände,
wie die Wellen neben mir,
sie umspielen, werben, verlangen
nach der Lebendigkeit in mir.

Ich fließe,
zwischen den Muscheln
ein Hauch von Zärtlichkeit,
zwei Dimensionen,
die sich vereinigen,
setzen Urkräfte frei.

Ich begreife den Sinn des Lebens,
fühle wie nie zuvor.
Gebe, schwelge,
vergehe,
auf weichem Samt- Sand- Flor.

Wie eine weiche Welle
Läuft das Verlangen aus,
Senkt sich mit sattem Gurgeln
In den Sand des Ufers.

Will nie wieder erwachen!
Bleiben in Harmonie,
den Höhepunkt erhalten,
fühlen für immer wie nie.

Doch zieht sich das Wasser zurück,
läßt mich wie Strandgut liegen,
verloren,
im Sand eingegraben,
beraubt der Schwingung,
die das Leben trägt.

Warten
auf die nächste Welle,
daß sie mich weiter trägt.

Werde wieder dabei sein,
im tanzenden Auf und Ab.
Genießend jede Bewegung
Die mich dem Himmel näher trägt.

Der Anblick

Ich habe soeben
Deine Wohnung verlassen,
hinaus gestohlen,
damit
mich kein Nachbar sieht.
Dir zu liebe,
denn unsere Beziehung
ist nicht legitim.

Du bestreitest sie
Sogar,
um dich nach außen
zu schützen.

Komme von einer Liebesnacht,
träge,
steige ich halb bekleidet
in mein Auto.
Zu faul,
um mich korrekt anzuziehen.

Wenn mich jetzt
Die Polizei anhält,
tritt alles zu Tage,
sieht man mich,
muß ich mich erklären.

Ich fahre in eine Ebene,
links und rechts
nur unbebautes Land.

Sehnsucht nach Klarheit!

Ich bremse an einem Bauplatz
Und steige aus dem Auto,
auf offene,
unbewachsene Erde.
Trocken, feinsiebig
Wie Sand.

Es zieht mich zum Boden,
ich muß graben.
Meine Hände wollen ins Tiefe.-
Ich fange an zu scharren.
Will,
muß hier graben ein Loch.

Plötzlich um mich
acht bis zehn totenfahle Hände,
die helfen.
Freilegen, ausgraben.

Ich will es gar nicht wissen,
was zu Tage kommt.
Beobachte nur noch.

Aus dem Boden tritt
Unweigerlich,
hervor befördert, freigelegt
durch die Hände –
eine Maske aus Metall.

Wie eine Totenmaske,
starr, nichts sagend, glatt.
Uralt mutet sie an.

Mir ist kalt,
ich erkenne die Züge.
Ich habe dein Gesicht freigelegt.
In unbekannter Form.

Mir wird übel.
Will nicht hinschauen.
Doch habe ich das Ding
Ausgegraben.

Muß ich die Maske behalten?
Oh Gott,
was soll ich mit diesem Traum!

Ich gebe Dir einen Traum

Du willst,
daß ich Dir einen Traum erdenke
und Dich auf eine nächtliche Reise schicke.

Und also beginnt es.

Zunächst entstehen Farben.
In Wellen und Wolken bilden sich Blau,
warmes Orange und Rotgelb.
Die Farben verschwimmen ineinander,
umspielen sich und bilden langsam Formen.
Ich sehe einen Himmel.

Aus grau bedrohlichen Wolken
mit lichthellem, rosa Kranz
bildet sich ein Himmelsmeer.
Bewegt, tanzend
und doch für das Auge
ein Ganzes, Ruhendes.

Die Wolken scheinen sich zu verdichten,
zu ballen. Mit heller werdendem,
zentralen Kern.
Die Energie läßt das gleißende Gelb
schon erahnen,
was als Blitzstrahl sich entladen wird.
So gewaltig die Natur auch spielt,
wirkt es doch vertraut, ruhig und ästhetisch.

Die bewegten Wolken schweben
über einer blau- braunen warmen Ebene,
und scheinen plötzlich
in der Gesamtbetrachtung still zu stehen.
Noch ist nichts genaues erkennbar,
keine Landschaft, kein Mensch. Kein Grund.

Die Ebene wird heller,
erscheint in schönem Rot- Orange,
nicht zu hell für das Auge.
In dieser Dichte möchte ich verweilen,
doch ist da vorne ein dunkles Loch im Boden.
Wie ein Kanal. Es zieht mich hinein.

Helles Sonnenlicht läßt die Augen aufgehen.
Eine südliche Landschaft erscheint.
Warmer Sand umschmeichelt die Füße,
wirkt weich, vertraut, ganz daheim.
Ich blicke auf.

Die Sandhügel vor mir bilden Wellen
zart, - wie unendlich verlaufend gegen das Fir-
mament.
Entzückt von diesem Anblick,
getraue ich mich vor.
Ich wähne Spuren vor mir,
von Menschen und Tieren gemacht.
Ich weiß nicht,
vielleicht von mir selber.
Hier war ich schon einmal.

Ich weiß nun,
links geht es weiter und wandere los.

Genieße jede Berührung mit dem
Heißen, geliebten Sand.

Ich bemerke jemand
Neben mir,
wie eine Schattenfigur,
Ein stummer, vertrauter Begleiter.
Ich will ihn genauer betrachten
Und erkennen.
Ein Beduine in Schwarzen Gewändern
Verhüllt sein Gesicht unter Tuch.
Das weiß- schwarz geflochtene Band,
Das seinen Kopf umsäumt
Erinnert mich an Liebe
Bekannter, Geliebter, Freund.

Ich erkenne Dein Gesicht nicht,
Finde dies im Diesseits nicht.
Zeige dich doch endlich.
Ich sehne mich nach Dir.
Ist es noch nicht soweit?

Wir reiten auf Kamelen,
gemächlich,
sanft gewiegt von ihrem Schritt
zu einem bestimmten Ort.

Vor uns erscheint eine Oase,
obwohl noch nie hier gewesen,
wußte ich,
daß sie kommt.
Zwischen großen Palmen,
von Datteln schwer behängt,

reiten wir über einen Sandpfad
in lebendiges, dunkles Grün.
Hier blühen sogar die Büsche.
Rote und gelbe Punkte liebkosen das Augen.
Ich kann mich nicht genug satt sehen.

Wir steigen von den Kamelen,
gleichzeitig,
synchron, - wie altvertraut.
Und lassen uns nieder.
Unter uns der warme Sand,
ich spüre ihn in allen Fasern,
tragender Grund.
Das Grün in schwelgender Vielfalt
Gibt Reichtum, Sicherheit.
Die Farbenpracht der Blüten,
verschwenderisch viel in diesem Umfeld
beflügelt meine Sinnlichkeit.

Im Empfinde unendliches Glück,
Erlösung, Heimat.
Endlich am Ort meiner Herkunft,
am Ziel meiner Sehnsucht.
Bei Dir.

Ich sehe Deine schönen Füße,
in Sandalen von braunem Leder.
Nur leichte Bänder halten sie an dir.
Schwarzes dünnes Tuch
Umschmeichelt deine Beine,
schmal, sehnig – gerade Linien,
die ich tausendmal liebkost.

Deine Knie sind spitz, zart und klar begrenzt.
Sie lassen kaum vermuten, die Kraft die in ihnen
Steckt.

Auf geraden Schenkeln, wie Säulen
Ruht deine Hüfte,
schmal, bewahrend.
Die Knochen werfen zarte Schatten zu den Len-
den.

Dein Bauch so flach und weich,
wie oft hab ich ihn liebkost,
mit den schwarzen, zarten Flaumhärchen gespielt,
die deinem Bauchnabel entgegen streben.

Dein Oberkörper, wie ein Trapez
Deine runden, sehnigen Schultern machen es
breit.

Ich ahne den dunklen, schmalen Hals,
an dem ich liebend hing.
Ich ahne die Lippen, die Nase.
Warum verbirgst du dein Gesicht?

Ich spüre dich im Traum hier
Und bin mir dir ganz eins.
Warum kenne ich dich nicht im Diesseits?
Mein stummer, bekannter Begleiter.
Offenbare dich mir!

Doch du bleibst unter dem Kopftuch.

Das grelle Weiß im Stirnband,
sticht mir ins Auge,
ins sehnsüchtige Herz.
Ich will es fortreißen,
doch getraue ich mich nicht.

Also muß ich mich im Traum
Von dir trennen
Und sehen
wie es weitergeht,
um mich und endlich dich zu erkennen.

Ich erhebe mich und wende die nackten
Füße in die heiße Wüste hinein.
Obwohl sie wohl manchem den Tod bringt,
ist sie für mich Erdverbundenheit.

Nach langen, sanft wogenden Dünen.
Von Wind geformter Sand,
erscheint mitten in der heißen Schönheit
ein Haus.
Aus Lehmziegeln gebaut.
Fast dieselbe Farbe wie die Umgebung.
Wären da nicht die vielen runden Klumpen,
aufeinandergetürmt.
Ich getraue mich kaum es zu schauen,
ich glaube,
ich kenne es genau.
Doch will ich´s von außen sehen.
Ich blicke von links herum,
soweit es geht,
ohne mich zu bewegen.

Da ist ein Fenster, und am Boden ein kleines
Loch.
Wie für einen Auslass, winzig.
Für Wasser oder für was noch?

Vor mir ist der Eingang in das Haus hinein.
Ohne Türe, offen.
Ich habe Angst,
es zu betreten,
warum getraue ich mich nicht hinein?
Was ist hier geschehen?
Oder glaube ich zu sehen?

Der Traum bricht ab,
ich erwache.
Im Bauch ein leeres Gefühl.
Kann mir den Traum nicht erklären.
Was bleibt,
ist die Sehnsucht –
nach dir.

Ich gebe, um zu nehmen

Ich nehme,
um zu geben,
Du bist es,
der gibt.

Ich nehme,
um zu geben,
bist du es,
der empfängt?

Du gibst
Und ich halte meine Struktur
Aufrecht.
Denn du gibst mir die Kraft,

Fällt die Kraft je auf dich zurück?
Willst du sie?

Wenn ja,
dann gebe ich ,
wenn du die Kraft hast,
was ich nehme ,
auf dich zurück.

Billard um halb zwölf

Mittags in die Imbißstube.
Im Seitenraum einen Kaffee nehmen,
als Belohnung
für den ersten Teil des Tages.

Habe gute Arbeit geleistet,
bin nicht bei mir,
will zur Ruhe kommen.
Eine Auszeit,
bevor ich mich dem Leben
wieder stelle.

Ich betrete den Raum
Und sondiere.
Sieben Männer anwesend.
Unbekannten gebe ich Ziffern.

Zwei und Drei sitzen
Beim Essen.
Eins steht hinter der Theke.
Vier und fünf haben sich
In die Fensternische verkrochen.
Schauen mit wachen Augen
Auf mich,
vom Kaffee weg.
Werden Raum greifend.

Ich gehe vor zur Theke,
zu meinem Platz
auf dem Hocker
neben der Kaffeemaschine.

Der Kaffee ist noch nicht
Fertig.
Ich muß warten
Und kann es nicht mehr,
also was ?
Umschauen,
Menschen suchen.

Der Billardtisch wird heute benutzt.
Unter der Treppe,
neben der Theke,
spielen zwei Geschäftsmänner
konzentriert gegeneinander.

Sechs ist jung, hübsch und behende,
wirkt locker, verspielt.
Sieben hat scheinbar das Sagen.
Schmale, scharfe Gesichtszüge,
zeigen mir seinen Biß.
Steifer Anzug in gedeckter Farbe,
die bunte Krawatte mit Duffy- Duck- Motiv
wirkt brüllend.

Beide sind wohl gleichaltrig.
Sie bemerken mein Interesse.
Der Junge wird schneller im
Spiel,
kokettiert mit seinem beweglichen
Körper.

Witzelt seinen Kollegen an.
Lacht mir strahlend ins
Gesicht.

Der Ernste nimmt meinen Blick
Auf,
ohne Reaktion, undurchsichtig.

Wird vom Jungen in das Spiel
Gezogen,
geht schnell um den Tisch,
trägt meinen Blick auf dem steifen Rücken,
witzelt zurück.

Ich bekomme meinen Kaffee.
Bitte nur Milch,
schlürfe, beobachte weiter.

Beide ringen mit den Kugeln,
über Stöcke in kunstvoller Distanz.
Wollen einen Platz in dem Kampf,
beide unterschiedliche Motive?
Aber sicher das gleiche Ziel.

Sind fixiert auf das grüne
Rechteck vor ihnen,
bringen von außen Geschehen
mitten auf den Tisch.
Suchen immer wieder direkt oder indirekt
Meinen Blick.

Ganz klar,
sie produzieren sich.

Der Junge frontal,
der Alte gedeckt.

Dennoch
Geht es nicht um mich.
Das uralte Spiel.
Sich darstellen, testen, messen,
bringt Entspannung.
Mit Frau noch ein bißchen Würze mehr.

Ich will nicht hinein,
nur zusehen,
meide den direkten Blick.

Die Kugeln laufen über den Tisch,
jetzt scheinbar nach eigenen Gesetzen.
Nicht so,
wie die Herren es wünschen.
Schlappen werden verbissen
Mit Witzen überspielt.

Der Stand:
Drei zu zwei, sagt der Alte zu dem Jungen.
Ich ertrage seinen anschließenden Blick
Nicht.
Ich möchte den Jungen anschauen
Und getraue mich nicht,
er erinnert –
an mich.

Der Ernste ist undurchschaubar,
stößt ab und zieht mich an.
Mehr von ihm sehen,

erkennen, wäre wichtig.
Mein altes Schema,
obwohl ich diesen Typ kenne,
verändere ich mich wohl
nicht.

Der Kaffee ist ausgetrunken.
Ich blicke auf die Kugeln,
Hilfe suchend,
nach einem Weg.

Doch die beiden sind nicht
In der Lage,
sie so zu bewegen,
daß es mir etwas gibt.

Ich will schon den Ausgang des Spiels
Sehen,
doch die Zeit wird eng.
Ich bin gelangweilt.
Sie schaffen es nicht,
einen Sieg für mich zu erringen.

Ich stehe auf,
mit einem finalen Blick
auf den Ernsten,
der ihn voll trifft.

Ich hätte so gern auf den Jungen geblickt,
mein Ebenbild.

Ich gehe,
schnell und behende,
hinaus auf die Straße,
hole Luft.
Unbestimmt,
was noch vor mir liegt.

Stiller Abschied

Das Wort ging zum See –
umgeben von *schillernd leuchtenden* Begleitern.
Die, die es früher
 flügelig leicht umschwirrten,
machten es jetzt *wässrig* und *flach*.
Hübsch oder *schön*, sie mussten weg.
Das Wort wollte sie halten, an sich binden.
Schiller-Leucht-Wort mit Schön-Farbe?
Nein, die Füße waren plötzlich
bleiern steinschwer.
Leucht-Wort mit Steinfüßen?
Alles verkehrt.
Es ließ los und fiel in den See.

Waren und **Haben** als einzige Handlung –
zu wenig zum Tragen im Kaltwasser.
Sein Selbstmitleidsgedanke:
<Das Wort war gewesen>.
Es stieß sie weg.

Die Verben am Ufer höhnten:
„Du bist schlecht."
Ohne Halt und Auswegs-Ideen.
Das Wort versank.
Die Kraft zum Auftauchen fehlte.

Ein Verb sprang ins Wasser,
umschlang es, zog es hoch.
„Komm, ich kann dich tragen,
mit Mühe,
aber zusammen schaffen wir es."

Barfuß

Barfuß
Wäre ich zu Dir
Zurückgelaufen.

Hättest Du mich
Zu Dir gerufen,
mich wirklich gewollt.

Du
Hättest nicht bitten müssen,
nur Du sein müssen.

Endlos der Kampf gegen
Die Maske,
die Du oft trugst.

Die Grenzen
Zwischen Dir und mir
Waren so wichtig,
warum?

Der äußere Halt
Bestimmt das Bild,
ist wichtiger als der Kern?

Ich hätte mich so gern
Fallen lassen,
einfach schwach sein,
Dich brauchen.

Was hat es verhindert?
Hattest Du Angst vor –

Meiner Stärke?

Zum Wetter

Es graut die Luft,

das Wiesel weißt.

Das ist die Zeit,

die Winter heißt.

Früher:

Kalter Wind und starrer Baum,

Die Felder trugen weißen Flaum.

Schneeschwere Batzen

auf Tannentatzen.

Auf glatten Wegen ausgerutscht,

Eisflocken - aus der Luft gelutscht.

Heute:

Laue Luft - noch Rosenblühen!

die Vögel nicht nach Süden ziehen.

Ein Wiesel braun am

Nachbarzaun.

Bauernregel wankt.

Das Klima krankt.

Das einzig Weiße ist die Haut,

mir graut!

Sibylle Wegner wurde 1960 in Wuppertal geboren. Nach dem Abitur machte sie eine Ausbildung zur Verwaltungssekretärin und arbeitete in Wuppertal, Düsseldorf, Frankfurt und Reutlingen. Dort hatte sie Mitte der achtziger Jahre Kontakt mit einer kleinen Künstlergruppe und schrieb erste Gedichte. Heute lebt sie mit ihrer Familie in Wuppertal. Ihre Leidenschaft gehört neben der Ägyptologie weiterhin dem literarischen Schreiben. Sie ist Mitglied der *Solinger Schreibwerkstatt* und der *Prosablüten.* Neben Gedichten und Kurzgeschichten verfasst sie Märchen.

Homepage: www.prosablueten.de

Bereits erschienen:

Prosablüten II - Die Fortgeschrittenen
Bod
ISBN: 978-3-7431-7644-7

In weiteren Büchern mit Kurzgeschichten:
Noel Verlag
Prosablüten I
Krimi Kurzgeschichten
Krimi Kurzgeschichten 2
Liebe – Geschichten rund um die Liebe

Schreibwerkstatt Solingen, Erlös für Spenden:
Ist ja Irre - Kurzgeschichten und Gedichte (für die psychologische Betreuung von Flüchtlingen).

VHS Solingen Wuppertal:
Hand in Hand, (für das Hospiz Solingen)
Angedichtet, Kunst die aus dem Rahmen fällt,
für das Museum für Verfemte Kunst in Solingen